语言经济学导论

黄少安 张卫国 苏 剑 著

2017年·北京

图书在版编目(CIP)数据

语言经济学导论/黄少安,张卫国,苏剑著.—北京：商务印书馆,2017
ISBN 978-7-100-12949-7

Ⅰ.①语… Ⅱ.①黄… ②张… ③苏… Ⅲ.①语言学-经济学-研究 Ⅳ.①H0-05

中国版本图书馆CIP数据核字(2017)第029939号

权利保留,侵权必究。

语言经济学导论
黄少安 张卫国 苏 剑 著

商 务 印 书 馆 出 版
(北京王府井大街36号 邮政编码100710)
商 务 印 书 馆 发 行
北京市艺辉印刷有限公司印刷
ISBN 978-7-100-12949-7

2017年4月第1版	开本 850×1168 1/32
2017年4月北京第1次印刷	印张 3⅞

定价:15.00元

序　　言

语言经济学是一门新兴的、经济学与语言学交叉的经济学分支学科,它用经济学的工具和方法研究:语言本身如何形成和演变;不同的语言及其演变如何影响人们的经济行为;语言和人们的语言行为及语言政策与人力资本、就业、工资、收入分配如何相关;语言作为一个产业的发展规律和产业组织以及语言产业对经济发展贡献度的测度。人们天天都在使用语言,语言学家们也进行了卓有成效的研究,不过人们可能很少思考或关注到语言和人们的语言行为所蕴含的经济学的规律和经济意义。语言行为也许是人类最普遍和频率最高的行为,语言经济学为人类开启了一个自我观察的崭新窗口。通过这一窗口,既能从语言的维度领悟"从猿到人以及人类不断演化和文化的过程",又能发现人们"说话"或"学习说话"的理性以及对于人们的福利效应。所以,语言经济学实在是一门有意思、有意义的学科。没学习过,也许不知道有遗憾,学习之后,一定会觉得有收获。

语言经济学还是一门年轻的学科,很难说已经有了完整的、逻辑严密的体系。我们在这一书中,力求比较系统地阐述语言经济学的基本理论问题以及研究的主要领域,使读者能够大体把握语言经济学的基本框架和需要研究的主要问题,能够找到自己感兴趣或值得研究的课题以及相应的具体工具,或者品尝一下装在经济学篮子里的语言的味道。

黄少安

2016 年 9 月

目　　录

第一章　语言经济学及其学科定位 ………………………………… 1
　　第一节　语言经济学及其产生和发展 ……………………………… 1
　　第二节　语言经济学主要研究的问题 ……………………………… 8
　　第三节　语言经济学与毗邻学科的关系 …………………………… 12
第二章　作为一种元制度：语言的产生与演变 …………………… 15
　　第一节　经济学视角下的语言起源 ………………………………… 15
　　第二节　语言的演化路径 …………………………………………… 18
第三章　作为人力资本的语言与语言资本投资 …………………… 24
　　第一节　语言作为人力资本及其特性 ……………………………… 24
　　第二节　语言人力资本的投资过程 ………………………………… 27
　　第三节　影响个体语言资本投资的因素 …………………………… 29
第四章　语言产业及其对国民经济的贡献 ………………………… 32
　　第一节　语言经济与语言红利 ……………………………………… 32
　　第二节　语言产业的内涵、外延及业态形式 ……………………… 35
　　第三节　语言产业对经济贡献度的测度 …………………………… 40
　　第四节　我国语言产业的发展现状及其政策建议 ………………… 43
第五章　语言政策和语言规划：经济学的视角 …………………… 49
　　第一节　语言政策与语言规划的经济学分析 ……………………… 49

第二节　语言的供给与需求 …………………………… 54
　　第三节　语言通用度及其影响因素 …………………… 60
　　第四节　少数民族语言保护 …………………………… 63
第六章　语用与博弈 ………………………………………… 71
　　第一节　语言、意义与博弈…………………………… 71
　　第二节　语用中的策略 ………………………………… 74
第七章　经济学语言的修辞 ………………………………… 78
　　第一节　关于数学应用于经济学的争论 ……………… 78
　　第二节　数学是方法，还是语言……………………… 80
　　第三节　经济学的语言与经济学原则 ………………… 89
第八章　中国的语言经济学研究 …………………………… 94
　　第一节　中国语言经济学研究发展现状 ……………… 94
　　第二节　十年来主要研究领域和重要成果 …………… 97
　　第三节　语言经济学在中国的发展前景……………… 102

参考文献……………………………………………………… 106

第一章 语言经济学及其学科定位

语言经济学作为一门新兴的经济学分支学科,也是经济学与语言学的交叉学科,怎么定义、在学科体系中怎么定位、它主要研究哪些基本问题,即使其中有些问题现在还没有定论,也是我们在此必须论及和力求"定论"的。

第一节 语言经济学及其产生和发展

一、语言经济学的产生和发展概览

一个成熟的学科,一般都有完整的理论体系和明确的逻辑主线,研究具体问题时,都有通用的方法和套路。但是,我们所称的"语言经济学",从产生至今一直存在着研究主题过于松散的问题,这可能归因于它产生的时间不长,又是交叉学科。就语言经济学的产生而言,需要从三个层次上来阐述(张卫国,2011a):作为一个术语,"语言经济学"来自信息经济学开拓者马尔萨克(Jacob Marschak,1965)的一篇同名短文;作为一个时代产物,语言经济学孕育于民族主义问题之中,发端于加拿大的官方语言问题;而作为一门学科或研究领域,语言经济学成就于人力资本理论和教育经济学。

"语言经济学"一词最早出现在1965年马尔萨克发表在《行为科学》杂志上的一篇短文里。为什么语言的使用随着某些变化而变化？为什么一些语言很好地被保护，而另一些却趋于消亡？什么是语言效率？对这些问题，马尔萨克给出了他的经济学思考。他强调的核心观点是：经济学与探求语言的优化之间有着密切关系，语言作为人类经济活动中不可缺少的工具，也具有价值、效用、费用和收益等经济特性。这是经济学家首次明确地提出了关于语言的经济学观点。

不过，马尔萨克并没有给语言经济学下一个定义或是给出进一步说明解释。我们并不否认马尔萨克对语言问题所作经济学思考的真实努力，但今天看来，马尔萨克提出"语言经济学"似乎也略带着某种随意性，或者说当初表达了一种朴素的语言经济学思想。正是由于只是一种思想，而没有理论或经验支持，马尔萨克的这篇文章在发表之后没有得到人们应有的关注。

事实上，虽然马尔萨克是对语言进行经济学分析的第一人，语言经济学也几乎与马尔萨克1965年的文章同时代产生，但是，在起步阶段，除了"语言经济学"一词是从马尔萨克借来的之外，二者没有什么因果联系。因为随后的研究虽然对马尔萨克(1965)有所提及，却并没有延续他的研究思路，而是为了迎合民族主义和殖民地国家官方语言政策分析的需要，从另外一个角度切入到语言经济学研究上来。二战结束后，亚非拉等民族国家纷纷独立，各国的民族主义情绪高涨，特别地，一些国家由于殖民等历史遗留问题在其官方语言政策问题上面临着很大困难。在这样一个历史背景下，许多国家对语言现象进行经济学分析的需求便应运而生。这一问题在因英法战争而长期饱受官方语言困扰的加拿大尤为突出。因此，从20世纪60年代后期起加拿大学者布莱顿（Albert Breton,1964,1978）率先从民族主义的角度开启了经济学对双语及多语现象的研究，进而拓展到对语言政策、双语教育以及语言与收入关系等方面的经济学研究。不过，当时的研究很大程度上受社会语言学影响，把语言看成一种民族归属，用以分析不同种族的移民之间的经济地位及其收入差距问题，因而它更像是语言社会学或是社会语言学的工作。

人力资本理论和教育经济学在语言经济学发展中起到了关键性作用。人力资本的核心是教育投资，而语言学习也是教育投资的一部分，因此语言学习作为一种人力资本投资必然要有其成本和收益。这样，人力资本理论以及教育经济学为马尔萨克的观点——语言具有价值、效用、费用和收益等经济特性——提供了有力的理论支撑。在人力资本理论看来，用于劳动力国内流动和移民入境时智力引进的费用等都应视作人力资本的构成成分，当一个国家或地区不同移民的数量达到一定程度时，不仅产生了语言交流上的问题，语言学习这种人力资本投资在人们的经济活动中（特别是移民劳动收入及其分配上）的作用也凸现出来。语言经济学从此和人力资本理论紧密地联系在一起，并以此为突破口，取得了长足的发展。因此可以说，马尔萨克的思想加之随后兴起的人力资本理论和教育经济学一道催生出了语言经济学这门新兴的交叉学科（张卫国，2011a）。

20世纪70年代至80年代初，研究人员开始把目光放在语言交际功能和语言的人力资本属性上来,认为主动获取语言技能可以被看作是经济优势的一种来源。此后,人们围绕着语言的认同和交际功能共同决定劳动力收入这一话题展开了进一步研究,大部分以实证研究为主(McManus et al.,1983;Grenier,1984 等),取得了显著的成果。特别是 1995 年 5 月在加拿大首都渥太华举行了主题为"官方语言与经济:加拿大的新视角"的国际研讨会,集中讨论了双语的商业性、语言培训与商业化及加拿大的语言政策问题,极大地推动了当时语言经济学的发展。在加拿大研究的影响下,瑞士、美国、英国等欧美多语国家也开始用经济学的理论和方法对语言政策、双语者的经济收入等方面展开了研究,成果颇丰。语言政策的经济学分析方面,以弗朗索瓦·格林的研究为代表(Francois Grin,1990,1995,1996a,1996b,2000,2003);双语与收入方面以 Christian Dustmann 以及 Barry Chiswick 和 Paul Miller 为代表(Dustmann,1999;Dustmann & Van Soest,2001;Dustmann & Fabbri,2003;Chiswick & Miller,1995,1998,2003,2007,等等)。Chiswick 和 Miller 在人力资本的框架下,以人力资本理论和教育经济学为基础,论证了语言的人力资本属性,针对一些移民国家的情况做了大量的实证,认为语言是影响移民与当地居民收入差距的重要因素。Chiswick 和 Miller(2001)还构建了移民语言学习的理论模型,对移民语言选择有着重要的意义。

  语言经济学还关注经济学修辞学。经济学修辞学兴起于 20 世纪 80 年代,随着后现代主义方法论出现而出现,以迈克洛斯基(Deirdre. N. McCloskey)为代表,主要分析经济学理论的话语使用(Henderson,1982;McCloskey,1983)。迈克洛斯基的"经济学的修辞"对经济学语言反思之深刻,吸引了大量经济学家的目光,A. W. Coats、Stanley Engerman、Robert Higgs 和 Robert Solow 等著名经济学家先后撰文对这一话题进行过评论,就连著名博弈论学者鲁宾斯坦(Ariel Rubinstein,1996,2000)也开始对语言产生了浓厚的兴趣,用博弈论的方法重新诠释了语言的结构及词义演化,甚至对经济学工具之一的博弈论的实质及其语言功效产生了怀疑。格林(Grin,1996,2003)曾认为,经济学修辞学不同于语言经济学,前者在于分析经济学语言的运用,因而不属于语言经济学范畴。客观地说,二者的确存在着一定的区别。但是,经济学修辞学仍然是或者可以是语言经济学的内容,因为语言经济学研究的主题之一就是经济理论与语言问题的相关性(Rubinstein,2000)。经济学修辞学从修辞的角度来研究经济理论,实质上是对经济学的语言进行经济学分析。经济学本身的语言使用也同样要遵循经济学的原则。迈克洛斯基更是套用莱昂内尔·罗宾斯(Lionel Robbins)经典的经济学定义认为,"修辞是一种语言的经济学,它研究如何在人们无法满足的倾听欲望下分配稀缺手段"(McCloskey,1985:18)。尤其是 Rubinstein(2000)对博弈论的修辞也进行了讨论,这可以说是对迈克洛斯基研究的一种补充和支持。

那么,为什么经济理论会与语言问题相关联?我们似乎可以从鲁宾斯坦的观点中找到答案。鲁宾斯坦认为,"经济理论是人们对在人类相互作用中的常规性进行解释的一种尝试,而人类相互作用中的最基本的、非物理性的常规性就是自然语言。经济理论仔细地分析了社会体制的设计;语言——从部分意义上讲——也是一种交流的机制。经济学试图将社会制度解释为从某些函数的最优化过程中所衍生出的常规性,这一点可能对语言也是适用的"(Rubinstein,2000)。语言问题与经济相关联的另一个重要原因在于语言会产生极强的网络外部效应。在经济全球化的时代,通过语言的交流与沟通,信息得以共享。语言可以使所有进入某种语言网络的人和那些与该网络有关联的外部成员都分享到这种语言所提供的交际机会,并获得潜在收益(张卫国,2008a)。在个人层面,多讲一种语言的能力可以增加个人可能的贸易伙伴数量,进而对其工作绩效产生积极作用(尤其是在多民族杂居地区,例如,个人可以获得更高的薪水、额外的津贴,等等);在社会层面上,通过分享同一种语言,企业更容易从事贸易,其产品更容易进入国际市场,国家更易于维护统治(张卫国,2008a)。而就交际而言,某种语言被越多的人分享,它带给人们的收益越大,人们更倾向于学习该语言,也就越有利于该语言的传播。相反,另一些语言因不能很好地给人们带来的经济收益而走向衰落。因而,无论是语言与收入的关系,还是语言政策和语言规划的经济学分析,乃至语言的动态发展或变迁,都或多或少地与语言网络外部效应这一机制有关。

总体而言,语言经济学及其相关研究目前大体有三个取向:一是人力资本理论框架下的语言与经济关系研究,如语言与收入、语言动态发展、语言政策的经济学分析等传统语言经济学研究;二是用经济学的方法研究不同语言本身的产生、演化;三是用经济学方法来分析语言的结构、现象及相关语言问题,如鲁宾斯坦等人所进行的语言结构、语义及语用的博弈分析等。

二、语言经济学的定义

什么是语言经济学？目前存在着这样几种代表性观点：格林(Grin,1996,2003)认为,语言经济学是指"在对表征语言变量的关系研究中,使用经济学的概念和工具。它主要(但不是绝对地)侧重于经济变量起作用的那些关系"；而有人则认为,语言经济学"利用经济学方法和工具研究语言能力的决定因素和后果"(Barry Chiswick,2008)；甚至有学者认为,修辞是一种语言的经济学,它研究如何在人们无法满足的倾听欲望下分配稀缺资源的手段(Deirdre McCloskey,1985)。可见,关于语言经济学的定义,不同学者有着不同的理解。尽管上述定义存在着分歧,但经济学理论、方法或工具在其中占有重要地位。事实上,语言经济学自产生以来,它的研究内容和范畴随着研究的深入在不断地丰富和发展变化。从单纯地以经济学的角度研究语言现象和问题,到研究语言与经济的关系以及由语言等引发的经济现象(例如,语言能力对收入的影响,语言对贸易的影响,语言产业和语言经济的形成等),语言经济学的内涵和外延也在不断扩大。今天我们所谈及的语言经济学早已超越了马尔萨克(1965)的研究范畴,既从经济学角度研究语言,又立足语言问题研究经济,这是由它的跨学科性质决定的。

因此,可以这样认为,语言经济学是采用经济学的理论、方法及工具,把语言和言语行为当作普遍存在的社会和经济现象来加以研究的一个经济学分支学科(张卫国,2011a)。它具体研究语言本身如何形成和演变；研究不同语言及其演变如何影响人们的经济行为;语言和人们的语言行为及语言政策与人力资本、就业、工资收入分配如何相关(黄少安、苏剑,2011)。无论对这一学科如何定位,语言经济学至少包括两个方面:一是经济活动对语言的影响;二是语言的经济力量,即语言行为是如何影响经济活动的。

第二节 语言经济学主要研究的问题

上节提到,语言经济学的研究对象不能脱离两个主题。首先是经济活动对语言的影响,主要体现在语言在经济活动作用上的动态发展上,即语言本身产生、演变以及消亡的规律。这一方面的研究主要偏重于微观分析,语言学、考古学和社会学的文献相对较多。不过,语言是人为构建还是自发演化而成,是超智慧的发明还是人类行为的结果,以及语言的变迁及消亡呈现什么样的规律?语言和制度有什么联系?这些都是亟待研究解决的问题。如果我们能够把语言和制度联系起来,或者说理解语言是一种制度,那么制度经济学的研究范式和方法论基础也完全适用于语言(张卫国,2008a)。以上问题都可以利用经济学的方法加以研究,但它们在经济学界都没有很好地回答,也是语言经济学的空白,其研究的深度也在一定程度上决定了语言经济学的进展程度。

语言经济学研究的第二个主题就是语言、语言政策及其演变与经济主体行为、经济增长、收入分配等的相关性。这些研究可以归结为语言的经济力量或者语言对经济活动的影响。虽然语言经济学的研究对象是围绕语言的,但是不同的语言经济学家研究语言具有不同的目的。例如语言能力与收入关系研究,无论是把语言外生还是把语言内生，所得出的结论都验证了语言技能具有人力资本的属性，移民要想融入当地社会，就需要学好移民目的国语言。研究这些问题的目的是为一些移民国家语言政策提供理论基础和经验证据。此外，这一主题还侧重于语言经济学的宏观分析。这方面的某些理论是比较成熟的，但是还是有许多问题值得我们去研究。例如，格林关于语言政策和语言规划的经济学研究，其研究的主要目的就是小语种语言的保护性问题，认为小语种语言应该而且是可以保护的，联合国教科文组织和某些国家在保护小语种语言时已经采用他的理论。格林的语言政策方案的设计以及相关的实证研究，突出的目的就是如何协调欧洲国家（尤其是瑞士）这样多种语言的应用、保持与发展。再比如语言政策成本与收益的计量和绩效评估。此问题不仅属于学术界，实际的语言规划人员也是想对某项语言政策的成本和收益进行考量，那么对于评估语言政策成本与收益需要花费很大的成本，是否需要考量？寻找反映语言政策的代理变量从而考量此项政策的成本和收益也许可行，但是有很大的难度，所以是很值得语言经济学界继续努力研究的。

综上所述，语言经济学研究如同其他经济理论研究，其主要目的一方面在于对现实有充分的解释力，在于它的实用性和社会效益；另一方面，是为语言规划服务的。概括而言，语言经济学研究主要包含（但不限于）以下理论：

第一，语言及语言行为对经济活动的作用，包括语言技能投资、语言对收入的影响等。可以说这方面研究是语言经济学较为成熟的领域。

第二,语言的起源、演化以及消亡理论。这一研究主要利用经济学的方法探讨语言的起源问题,可以归纳为语言到底是构建的还是自发演化的。有的经济学者认为语言是自发演化形成的,比如说斯密(Adam Smith),但是也有的学者认为语言是构建的,是人为发明的。那么语言到底是构建的还是演化的,这应该属于语言经济学的基本问题。但长久以来,这一问题始终没有得到很好的回答,有必要继续研究。此外,用经济学的方法研究语言起源、演化,不同于语言学以及社会学上的研究,要凸现经济发展对语言变迁的影响。

第三,语言推广与语言保护的经济学分析。这些问题原属于语言规划的范畴,20世纪90年代起,经济学对此进行了许多尝试。采用的方法主要是成本收益分析。语言推广,基本思路是估算出语言推广所付出的成本及其收益,例如格林测算出英语的强势地位可以帮助英国在欧洲获得较高的收益。另外,关于小语种语言是否要保护,语言经济学界也产生了分歧,需要进一步研究。

第四,语言产业及其对经济的贡献度。语言的学习和培训、语言教育体系、语言文字的信息化处理等,会形成许多企业或经济组织,它们会形成具有特定性质和结构的产业,这就是语言产业。语言产业是国民经济体系中的重要组成部分,语言产业自身的发展规律、语言产业的组织结构、语言教育的供求关系、语言产业的统计核算及其对经济的贡献度,等等,都是语言经济学研究的重要领域。

上述是语言经济学研究的主要问题或内容。语言经济学是与语言学的交叉学科,换一个角度思考,在语言学框架内的语言问题,在经济学视野中是什么问题呢?或者说,在经济学视野中有哪些基本的语言问题呢?

第一,语言,在语言学家那里是说话写字,在经济学家眼里是人类的一种元制度,可以用制度经济学方法和其他经济学方法去研究它产生和演变的规律。

第二,在经济学视野里,语言还具有公共产品性质和外部性。那么,经济学的公共产品理论和外部性理论是可以用来分析语言的。语言作为公共产品有两重含义:作为一种制度,常常需要政府通过立法和其他措施加以规定、推广、保护;公民的基本语言能力虽然是个人的能力或人力资本,但是也是社会公共的能力,每个个人的语言能力是可以成为众多社会成员的需求及消费对象的,因此,也需要国家干预和一定程度上由国家来培养或推动培养的,例如,九年义务教育,特别是规定对通用语的学习。

语言的外部性是指:个体或群体在语言运用过程中对别的个体或群体产生的、无须同意和付费的效用(包括正的和负的)。例如,听别人说话你受益了,常说的"听君一席话,胜读十年书"就是正的外部性,而恶语伤人就是负的外部性。

第三,语言的通用性与小语种的保护问题。在经济视野中,更多考虑的问题是:如何在语言演变规律的不可抗拒性(趋同、趋简)与语言文化多样性之间寻求均衡或妥协,如何考虑小语种保护的成本和现实可行性。语言能否成为通用语言以及语言通用度、母语安全等问题,在经济学视野中也会有不同于语言学的考量角度。一种语言的通用度主要取决于该母语国家的经济影响力和该语言本身学习和使用的成本。

第四,语言多样性,在语言学家那里,是文化意义和语言生态意义上的,而在经济学视野中,语言多样性与经济增长也是相关的。语言多样性有两重含义:在特定空间区域内,不同人群说不同的语言;在特定区域空间内,同一人群中的不同小群体来自于曾经的不同方言区或外语区,在一起说同一种语言。前一种多样性对经济增长的影响:不同人群说不同语言,肯定增加交易成本,是不利于经济增长的,但是,不同文化的交融可能提升人力资本,也可能增加产业和就业——语言培训和翻译行业等,有利于增长。谁的作用大,需要具体的定量分析。后一种多样性的影响:来自曾经不同的方言或外语区的人们在一起能说通用语言,肯定是有利于彼此人力资本积累的,这将有利于经济增长。

第五,在经济学视野中,语言还可以发展成为一个产业,成为国民经济的组成部分。可以衍生出一系列的作为产业的微观、宏观、计量的经济学问题和产业规划问题。

第三节　语言经济学与毗邻学科的关系

语言经济学作为一门交叉学科,与其他学科有着密切的关系,它可以为其他学科提供资料和方法,也可以从其他学科汲取资料。

首先是语言经济学与普通语言学。很明显,二者既有联系,又有区别。语言经济学是采用经济学的方法研究语言以及语言与经济活动的关系,属于经济学科。而语言学的研究却是把一切不属于它们确定为自己研究对象的抽象结构的东西排除在外。这是普通语言学与语言经济学的区别。但是语言经济学可以从语言学汲取有意义的素材,比如索绪尔(Ferdinand de Saussure,1980)在对语言和言语做了严格的界定和区分之后,认为语言是言语机能的社会产物,又是社会集团为了使个人有可能行使这一机能所采用的一整套不可缺少的规约,语言是一种制度,更是一种社会制度。韦森(2005)、张卫国(2008a)从这一定义得到启示,提出语言是一种制度,更是一种元制度的命题,并对语言进行了制度分析,在语言经济学与制度经济学两种学科范式之间找到契合点。我们认为,语言经济学如果结合制度经济学的理论范式,从语言的制度性质入手,探究语言与制度的内在联系,无论是对制度经济学,还是对语言经济学,都具有重要的理论价值;而制度经济学如果能从分析语言的过程中找到新的理论突破点,也将具有重要的意义。

其次,语言经济学与地理语言学。所谓地理语言学,就是语言学家在分析语言事实在空间和社会团体的分布时提供的地理学的方法,把空间环境的因果关系联系起来,证实某些词、词组、词义与文化和材料使用的联系,揭示出时尚、影响、亲属关系和群体状况(Roland Breton,2000)。地理语言学的研究可以为语言经济学研究提供更多的资料,扩充语言经济学的研究范围。比如说地理语言学关于语言谱系的研究、关于世界小语种语言数据的调查、小语种语言的保护、语言地图的描绘等都扩充了语言经济学的研究内容,也使语言经济学理论更严谨。语言经济学围绕这些问题的实证研究,所提出的制度安排具有更强的说服力。例如,Chiswick和Miller(2005)利用语言谱系知识,测算英语与其他国家语言的语言距离,对研究国别之间的贸易具有重要的意义。

第三,语言经济学和社会语言学。早期的语言经济学研究和社会语言学的很多研究主题是重合的,甚至许多的语言经济学研究都是在借用社会语言学的方法。同时,语言经济学和社会语言学都是交叉学科,对某些问题的争论有些相似。类似于语言的社会学和社会的语言学的争论,语言经济学界也有语言经济学和经济语言学争议。事实上,社会语言学的研究对象不仅是某种语言或所有语言,而且也是语言角度下的社会集团,从这个角度不用区分语言学与社会语言学,更不必区分社会语言学与语言社会学(路易·让·卡尔韦,2001)。同样,无论是语言经济学还是经济语言学,虽然两者研究素材的侧重点不同,但无一例外地采取了经济学的工具和方法,从这个意义上讲争论是没有必要的。

第二章 作为一种元制度：语言的产生与演变

人类的制度是分层次的制度体系，可以大体分为三个层次：第一层次是人类的元制度，例如：人类的基本伦理、人们怎么说话写字等，这些制度往往像空气、水一样重要，可是拥有的时候人们没什么感觉，没有的时候才知道是最重要的。第二层次是人类社会一些基本方面（经济活动、政治活动、宗教活动等）的组织制度。主要是国家层面的基本的经济、政治制度，如民主制度、封建等级制度、基本的经济制度（如生产资料公有制和私有制）等。这些制度往往通过宪法、民法典等基本法律规定下来。第三层次是具体的各类法律、规则等。如公司法、企业制度、大学章程、乡规民约等。语言就是人类的元制度之一，它有一个起源和演变问题。

第一节 经济学视角下的语言起源

经济学家关注语言起源的问题由来已久。亚当·斯密对人类语言的最初情形做了一些猜测[①]：他首先假定有两个还不会说话

[①] 转引自韦森《从语言的经济学到经济学的语言——评鲁宾斯坦的〈经济学与语言〉》，载于鲁宾斯坦《经济学与语言》中译本，上海财经大学出版社，2004年，第182页。

的野人,这两个野人碰到一起,要进行交流,要表达个人的需要与愿望,就要进行言语博弈游戏(博弈),从而形成最初的语言。斯密是语言演化论者。马克思、恩格斯则认为劳动形成了人类语言。哈耶克(Friedrich A. Hayek)认为语言起源是自发秩序的结果。在以往语言学家和经济学家的启发下,我们认为语言是演化的,而文字主要是构建的。

语言是人类的一种基本制度,也许是最早的制度,是元制度。制度经济学是研究制度的产生、演变及其与人的行为、经济增长的关系的。当我们用经济学的方法审视制度的产生和发展时,制度既可以是构建的,也可以是演化的。

从发生说的意义上探讨语言起源问题,我们有必要把口头语和书面语(即我们说的文字)区别开来,因为二者的起源,从动力结构看,是有差异的。平常我们所说的语言从狭义上讲就是口头语言,所以我们把口头语与书面语的区别等同于语言与文字的区别。用经济学的方法与工具研究语言起源问题的文献很少,但是很重要。语言何以起源或产生?是个非常复杂的问题。现在有两种基本观点:一种认为语言是超智慧的构建,另一种认为语言是人类行为自发演化的结果。构建论者往往认为语言或者由上帝或者由其他超智慧的力量构建,演化论者则认为语言完全是人类自发行为的结果。那么语言起源到底是构建的还是演化的?这个问题很值得研究。我们更注重于演化论。某个新奇声音偶尔创生,让人感觉到此种声音可以指示一定事物,于是新奇的产生,激起人们的相互模仿,在经过无数次的试错后,最后成为社会约定的规则。我们对语言的起源的判断虽然包含着猜测的因素,但是我们偏重于语言是人类自发行为的结果,一个根本原因是:语言是交际的工具,个人在新奇声音的发生时,如果得不到他人的承认,那么这个声音就不能称之为语言。扩展为多人世界,某个新奇的发生,取决于大家的模仿与试错,最后形成统一的规则。因此我们可以总结性地认为:语言是人类行为演化的结果,而演化在语言起源上最基本特征就是新奇的创生,新习惯用语的发现以及多方的模仿与反复试错。

文字是记录口语的视觉符号形式,其历史比口语的形成较为短暂。虽然语言(口语)是长期的无意识的演化选择生成,但是具体文字制度却基本上或主要是基于权威主义的构建,由社会精英和超智慧的力量来完成。我们举几个比较明显的例子,相传中国的文字就是由仓颉构建,也许这个例证具有猜测的性质,但是秦始皇统一六国之后,嬴政"书同文"的政策,并没有规定"语同音",秦始皇能够统一全国的文字,并没有也不可能统一全国语言,而后全国以李斯的峄山碑的小篆作为规范的书写形式。那么,小篆这一文字形式(制度)就是基于权威主义的构建,以后的汉字书写形式都是由小篆演化而来。如果在当时采取另一种文字制度,如今的汉字则很可能演变为另一种结构。新中国成立后,中国废除繁体字,于1956年公布的字母表,规定使用简化字,简化字的字形属于权威主义的构建。在这里我们归纳为一个命题:语言是演化的,文字基本上是基于权威主义的构建,但是从长期来看,文字也是演化的,文字的构建也要遵循人们的习惯和对方便的要求(黄少安、苏剑,2011)。虽然语言是演化的,文字主要是构建的,但是,演化和构建对语言文字而言,是共同发生作用的。黄少安(2007)认为,一旦引入认知进化的因素,演化和构建的不和谐性就会消失,任何建构都是局部和短期均衡,是长期演化过程中的某一驻点。例如从秦始皇的小篆作为全国通用的字体,这也许是演化过程中的某一驻点,中华人民共和国成立后废除的繁体字,形成简化字,也许又是一个局部的和短期的均衡。

总之,我们认为语言起源遵循着这样一种演化的逻辑。某一新奇的突现,可能会吸引别人去模仿,通过模仿可能会促使这种新奇扩散,通过反复试错、适应,这种新奇得到普及。当然在语言学中这种新奇指的是新习惯用语的出现。可能在模仿中会有创新出现。见下图:

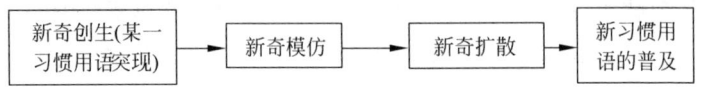

第二节　语言的演化路径

长期以来,我们习惯说语言是思维和交际的工具,结构主义语言大师索绪尔就定义语言是一种符号系统。但是,仅按照信息论的观点理解语言交际过程的程式"编码—发送—传递—接收—解码"是不够的。从经济学的视角剖析语言功能,我们认为语言具有两大功能:一是信息载体和传播功能,另一种是文化符号功能。语言的其他功能都可以归为这两个功能。当然,我们承认,语言的文化功能也可能是在传播信息,但是我们主要是把语言的文化功能作为表征民族特色而定义的。

第二章 作为一种元制度:语言的产生与演变

首先,可以判断,语言的功能有分野的趋势。虽然任何一种语言都具有两大功能——信息载体及传播工具和文化符号,但是,我们不难发现,人类语言的两大功能存在明显分野的趋势,尽管还不能说这两种功能已经分开,各司其职了。不同民族语言产生的早期,这两种功能是完全不分的,但是随着人类经济、文化和语言自身的发展,语言的信息载体和传播工具的功能得到了快速强化和扩展,而语言的文化符号或表征功能显然没有前一种功能那样发展迅速,而且不同语言的两种功能具有不同的强度,有一些语言信息载体和传播工具的功能更强,且有加强的趋势,有一些语言的文化表征功能更强一些,但是,其信息载体和传播工具的功能有限,甚至有弱化趋势。一般而言,表意性强的文字,字形复杂,文化符号的功能强或者难以弱化,而表音性强的文字字形简单,信息载体和传播工具的功能强而文化符号的功能较弱。当然我们不是说语言的信息载体和传播功能与文化符号的功能是截然对立的,实际上文化符号也承载和传递着信息,而且文化表征方式是多元的,语言只是其中之一。我们认为的语言(口语和文字)两大基本功能分野趋势有三层含义:第一层含义是,就不同种语言比较,一些语言的信息载体和传播工具的功能越来越强化,越来越通用,越来越方便,有成为主要信息载体和传播工具的趋势,而另一些语言,其信息载体和传播工具的范围在缩小,作用在弱化,主要起着从语言上表征某个民族或地方的人存在与别的民族或地方的人不同的作用,有成为单纯文化符号的趋势。第二层含义是,就同一种语言而言,人们说的时候用具有民族或地方特色的方言——虽然这个"说"也是为了传播信息,但是,方言表征的是民族性或地方性文化,而写的时候是通用、规范的文字。或者大多数的情况下,写和说的时候都追求通用性和规范性,而在有些情况下,单纯把语言和文字作为一种文化、艺术,实际上只有文化符号功能,如汉字的书法艺术和京剧艺术的唱和说,等等。第三层含义是,在许多情况下,同一个人或同一个人群或民族,在本民族或本地区内部,使用民族语言或方言,而超出这个范围,他们使用通用语言。尽管使用民族语言或方言也是信息沟通,但是之所以使用民族语言或方言,不是不能用通用语言沟通,只是为了获得一定范围内的文化认同感,所以说这种现象表示说民族语言或方言只具有文化符号的意义。当然,如果有不能用通用语言沟通的情况除外。例如在中国,从外地回到家乡,要说家乡方言,不是家乡人听不懂普通话,而是为了重视乡情。又如印度等国家,正式的官方语言法定使用英语,显然为了信息传播,而民族语言的使用虽然也是沟通工具,但是,使用它显然是为了或者主要为了表征印度民族文化。

其次,我们发现,两种功能的语言有着不同的演化路径或方向。

纵观整个语言文字发展史,我们发现,作为信息载体和传播工具的语言总体演变方向是趋同和趋简。所谓"趋同"是指这样的语言演变现象:整个世界上被使用的语言种类越来越少,尤其是作为信息载体和传播工具的语言,减少的速度更快,数量更少,越来越多的人倾向于使用少数甚至一种通用语言。人们越来越选择那些相对简便、容易沟通的语言作为沟通的工具和信息载体。世界各国、各民族在一定程度上保留各自文化语言的同时,也许会有使用同一种语言进行信息交流的一天。至于何种语言能够成为世界通用语,应该不是文化性和意识形态因素决定的,很可能是由语言本身的可通用性决定的。作为信息载体和传播工具的语言趋同,是由各国家和民族经济社会发展的联系加强的趋势决定的。从宏观经济的视角来看,世界经济增长是以专业分工和贸易为基础的,双方交易需要一门语言成为交流工具。换句话说,经济增长必然减少地方性语言在交往中的重要性,甚至逐步消失。越来越多的语言学家也估计,在21世纪末世界上90%的语言将消失。许多经济学者也实证了这一变迁规律。拉齐尔(Edward Lazear,1999)、切奇和金(Jeffrey Church & Ian King,1993)、德·斯旺(Abram De Swaan,2003)认为,由于使用小语种的人数较少,所获得的收益也较小,那么,理所当然使用小语种语言者会有动力去学习大语种语言,从而导致小语种语言变得不重要或消失。这些学者都把语言当作一种网络产品,这种产品的性质告诉人们:收益往往取决于说这种语言的人数的多寡。格林(Grin,1992)认为小语种语言有一个存亡的边界,如果改变对使用小语种语言的态度,小语种语言很可能存活。格林虽然是基于新古典模型得出这一结论,政府干预措施也只能迟滞小语种语言的消失速度。而且他对小语种语言为什么要存在,也不能给出有力的解释。

从经济学的维度看,信息意义的语言是朝着降低交易成本的方向变迁,是趋同的。语言收敛,语言趋同,趋同何种语言?这与什么因素有关?可能与学习此种语言的成本有关,也许与国家和民族的强势有关,或许与两者都高度相关。这些很值得语言经济学研究。

所谓语言"趋简",是指语言文字的演变方向是越来越能简洁而准确地表达相对更多的意思或承载更多的信息,而同时又越来越便于学习和使用以及进行信息化处理——即越来越便于读好、写好、用好、存好,并不是语言的词汇量越来越少、越来越简单。如果一种语言语法简单、词汇量少,所产生的语句组合不能清晰表达意思,这种简化就违背了语言的演化规律。经济学讲究效率的原则,从降低交易成本的角度,信息意义的语言趋简是非常容易理解的。语言学家齐普夫(George K. Zipf)的最小省力原则也暗含了这一点,一些语法结构很复杂的语言,无论是在书写还是发音阅读方面都费力费时,违背了经济学的效率原则。因此简化是必然趋势。纵观中国的语言文字史,甲骨文的表意性决定了它具有复杂的字形结构,到秦王朝的小篆,而后演变到隶书,最后到1956年国务院公布的简化字形表,经验事实清晰地告诉我们,信息意义的语言演化规律是趋于简化。中国的文体也是由文言文向大众语演变最后过渡到白话文。也许有人提出疑问,文言文更简练,违背了语言的演化规律。实际上这一说法是不正确的,白话文是建立在简单的语音系统之上,按照彭泽润、李葆嘉(2002)的说法,从文言文演变到白话文,我们在语音上享有了简洁的收益。世界上的语言文字演变的基本趋势之一是由表意文字向表音文字演变,汉语加上拼音也符合这一趋势,也是趋简的表现。因为表音文字相对表意文字,是一种更简单的文字和文字书写方式。就是一种简洁化的书写方式。

　　作为文化符号的语言,与信息意义的语言演变方向有很大差异,甚至相反,呈现多元化。准确地说,就人们的动机或希望而言,信息意义的语言力求趋同趋简,而文化符号的语言是力求保持多元化;就演变的现实而言,信息意义的语言无疑有明显的趋同和趋简,文化符号意义的语言,总体上还是呈现多元化的。这种多元化还是有着存在基础的,因为不同民族和人群从文化多元性、包括语言多元性中,是能够获得特定效用或满足的。不同的民族或人群有不同的文化,不同的语言一定程度上代表不同的文化,有相应文化背景的人能够通过使用民族语言获得认同感,体味不同的语言美感,从而获得精神的满足。这些用于文学性的笔法形象地说明了作为不同文化符号的不同语言,不仅一定意义上标志着不同的民族特征,而且蕴含着不同的语言魅力,能够满足不同人的文化需要。因此,文化符号意义的语言的多样性是符合经济学的效用原理的。

总之,文化符号意义的语言和信息意义的语言具有不同的演变路径或规律。有的学者想在语言趋同和多元之间寻找一个均衡的路径,解决降低交易成本与语言文化多样性及其传承上的困境,也许这种努力是有意义的,在一定限度内也是可能的。但是我们不可能为了追求交易成本的降低而人为地去抹平不同语言之间的差异。

通过以上论述,语言产生与演化的经济学分析属于语言经济学的基础理论,我们的分析借鉴了语言学的相关理论成果,这些理论研究能为语言经济学的其他问题提供理论基础,为语言经济学的初学者提供了钥匙。

第三章　作为人力资本的语言与语言资本投资

作为人力资本的语言,需要从两个维度考察:一是宏观上的,即一国国民总体的语言能力,是该国人力资本的一个重要组成部分。国家的投入和语言人力资本的积累,有很多维度的问题需要考虑和解决,例如,语言规划、投入产出比等;二是微观上的,即作为个体的人力资本,是个体优化选择、投入产出的问题,与个人的就业和收入相关。这里主要是微观意义上的阐述。

第一节　语言作为人力资本及其特性

一、作为人力资本的语言技能

从个体出发,语言依附在人体上表现为语言技能,因而体现出了一种人力资本的属性。作为技能,语言是很重要的一种人力资本形式,它满足人力资本定义的三个标准。首先,语言技能要花费代价(成本)才能获得,包括金钱投入和时间投入等,具有"稀缺性"。其次,语言技能具有生产性,其一旦形成便可以给其拥有者带来收益。最后,语言技能依附于人体,语言能力不能脱离人的身

第三章 作为人力资本的语言与语言资本投资

体而存在。

大量的实证研究表明,语言技能与经济地位(特别是劳动收入)之间存在密切关系。主要体现在如下四个方面:第一,双语或多语者较单语者可在劳动力市场中获得更高的收入和更多就业机会。Vaillancourt(1988,转引自 Savoie 1996)对1985年加拿大魁北克地区的语言状况和就业市场进行了分析。研究表明,双语者在劳动力市场上参与度明显高于单语者,这种差别在女性身上表现更明显。以加拿大为例,通晓英、法双语者的收入明显高于单语者(Chistofides & Swidinsky,1998)。第二,语言流利程度与个体收入高低成正比。研究发现,在其他条件保持不变的情况下,语言流利程度对收入具有重要影响(Trejo,1997;Leslie & Lindley,2001;Dustmann & Van Soest,2002;Shields & Price,2002;Lindley,2002;Dustmann & Fabbri,2003;Bleakley & Chin,2004;Gao & Smyth,2011等)。第三,语言技能对移民的收入有特别显著的影响。Chiswick 和 Miller(1995,2007)利用多国数据对移民的语言能力和收入进行了长期的跟踪研究,结果表明移民目的国的语言技能对移民收入具有正效应。第四,不同语言具有不同的回报率;相同的语言在不同国家也具有不同的回报率。格林(1995)对瑞士的研究发现,讲德语的瑞士人的法语回报率是6.2%,讲法语的瑞士人的德语回报率却是14.2%,而相关的英语回报率要更高,并且更稳定,一般在13.6%至16%之间。同时,语言投资回报率的差异并不是一成不变的,不同语言所带来的收入差异随着经济社会的发展而变化。Shapiro 和 Stelncer(1987,1997)的跟踪研究表明,加拿大20世纪70至80年代讲法语者与讲英语者相比处于经济弱势地位,但在 90 年代初,这种差距基本消失。

总之,语言技能是一种特殊的人力资本。语言技能与经济地位和收入分配之间存在显著相关性。一般而言,个体掌握的语言种数越多、语言技能水平越高,个体获得的收入越高,同时在劳动力市场上具有更大竞争力,可以获得更多就业机会。因此,语言资本投资也是一种重要的人力资本投资形式(张卫国,2008b)。

二、语言人力资本的特性

语言人力资本有如下特点:

第一,语言资本与其他人力资本之间存在一种互补性关系。对于绝大部分的知识和技能而言,个体都必须通过其所掌握的语言技能来获得。Chiswick 和 Miller(2003)研究表明,语言技能不仅直接影响劳动收入,同时与其他形式的人力资本之间存在互补性。加拿大的数据显示,移民所具有的较高水平的官方语言能力提高了教育和移民前工作经验这两个变量对收入的影响效应,同时降低了移民后工作经验对收入的影响效应。有研究表明,经过某种语言专门训练的人更容易学习其他语言,而掌握优势语言则有助于人们更好地获得其他知识和技能(Savoie,1996),双语或多语者更容易获得其他技能(Pendakur & Pendakur,1998)。

第二,语言资本存量与个体的生活环境密切相关。语言技能资本积累的最好方式是练习和使用,当生活在多语环境下时,个体的语言技能资本会得到较好的保持,而当个体长期生活在单语环境或独处时,语言资本可能会加速折旧。

第三,语言资本是一种身份和地位的象征。抛开语言是一种人力资本的观点,语言一经产生便具有浓重的种族和民族色彩。不仅如此,语言能力还是一种身份地位的象征。例如17—19世纪,法语正值鼎盛时期,是典型的贵族语言,一口流利的法语是处于欧洲上流社会的象征,学习法语也曾是接受良好教育、通往上层社会的重要途径。当时,法语已不单单是一种交流工具或文化载体,而成为个体身份和地位的象征。

第四,语言技能既是一种投资品,也是一种消费品。人们的语言技能资本投资往往与日常的消费活动结合在一起,语言技能既是可以增加个体收入、提高就业机会的投资品,同时又是一种可以直接给消费者带来效用的消费品。

第二节　语言人力资本的投资过程

上文分析指出,作为一种投资,语言学习既能带来短期利益(尤其是在多民族杂居地区,比如个人可以获得更高的薪水、额外的津贴等),又能带来长期利益(产品更容易进入国外市场、企业更容易进行贸易、国家更易维护统治)。边际上,学习另一种语言知识应该和较高的回报联系在一起,通晓多种语言的人应该比单语者获利更多。那么,人们对语言人力资本进行投资时,为什么选择某一种语言而不选择另一种语言? 这与语言回报率有关(张卫国,2008b)。例如,加拿大的早期研究成果发现,自1970年以来,加拿大魁北克省英裔公民和法裔公民之间的收入差距在下降,而双语者中,法裔公民的经济回报比英裔公民高,这意味着对第二语言进行投资时,英语比法语的回报高。语言的市场回报率不同,还取决于人们对不同语言的需求。例如,在瑞士讲德语的瑞士人的法语回报率是 6.2%,讲法语的瑞士人的德语回报率却是 14.2%,而相关的英语回报率要更高,并且更稳定,一般在 13.6% 至 16% 之间(Grin,1995)。如此说来,人们似乎应该刻意去追求那些具有较高回报率的语言学习,现实生活中一般情况也是如此,不过也有一些人放弃对高回报率语言的学习。例如,在美国,尽管英语的回报率高于西班牙语的回报率是显而易见的,但仍然有许多美籍西班牙人没有学习英语(McManus,1985)。这就涉及语言人力资本投资的另一个问题,即学习成本。放弃高回报率语言学习的主要原因在于学习成本太高,尤其是老年移民。

贝克尔·奇斯维克(Becker Chiswick)最优教育模型(1966)可以简单地解释语言(技能)投资的过程。

假设语言人力资本的投资量取决于人们的理性行为,即每个人对投资的期望是最大化他的经济福利。很显然,对语言人力资本投资的均衡取决于供需关系。语言人力资本的需求曲线也就是语言投资的边际收益率曲线。和其他人力资本投资一样,学习另一门语言的边际收益期望值随语言流利程度的提高而递减,因此它是一条负斜率的曲线。学习另一门语言的边际成本具有凸性(即获取更高的能力的价格函数是递增函数),因而供给曲线是一条正斜率的曲线。如图 3-1 所示:D 表示个人每增加一单位的投资带来的边际收益率曲线,S 表示个人的边际成本,据马歇尔局部均衡,最优的语言人力资本投资量必然确定在供需曲线的交点,此时语言投资的净收益最大化。因为只要边际收益期望值大于边际成本,人们就会继续对人力资本投资,直至二者相等(Becker and Chiswick,1966)。语言人力资本投资也是如此。均衡假设在 E,最佳投资量就是 OC。

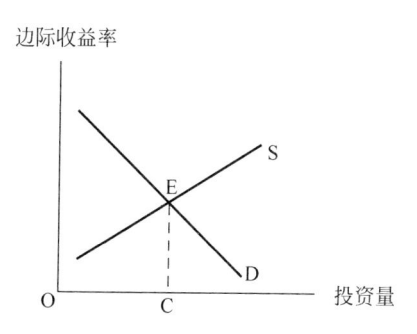

图 3-1 最优的语言人力资本投资量

因此,从人力资本理论的角度看,人们学习另一门语言的愿望和动机就表现为纯粹的经济激励(张卫国,2008a,2008b)。其真实目的不仅在于通过学习语言来改善与他人的交往,或是去了解另一个民族的文化和历史,更在于学习另一种或更多种语言是对人们知识结构和技能的一种投资,能带来经济收益。

第三节 影响个体语言资本投资的因素

语言人力资本受多种因素的影响,除了遗传、家庭背景等个体因素外,经济激励、生活环境、国家经济发展水平及开放程度、语言教育、国家政策等宏观层面因素也会对语言人力资本产生影响。

经济激励主要指个体语言技能对收入和就业的影响,包括劳动力市场上为掌握某种语言的劳动者提供的工资水平、对多语劳动者的需求和供给程度等。由于语言的使用范围、使用人口数量、所使用地区的经济发展程度以及劳动力市场上掌握某种语言技能人才的供求情况等因素，使得不同语言的投资回报率不同，甚至有很大差别。面对众多语言，在其他条件不变的情况下，个体往往投资回报率高的语言。

语言环境包括个体长期居住地或短期居住地语言环境，它决定了个体日常生活和工作中对使用语言的需求。如果生活在多语环境中，个体为了与说其他语言的个体交流，必须要学习他者的语言，在这种多语环境下，即便无意学习，个体通过"干中学"的方式也会掌握一些其他语言技能。生活环境实际体现了不同语言之间接触的可能性和频率。母语在语言环境中的地位等因素都会影响个体与其他语言人群的接触程度，进而影响其语言技能资本。

经济发展水平及开放程度是影响语言技能存量的重要因素。一般来说，经济和社会越发达，社会开放度越高，就越有利于个体提高语言技能水平。因为经济越发达，教育也会更加发达和普及，而教育是进行语言技能资本投资最重要的形式。一个社会的开放程度越高，意味不同文化、不同语言群体之间进行交流的可能性就越大，对语言技能资本的需求量也会越大。

国家政策包括教育政策、语言政策、外交政策等，会对语言技能资本产生重要影响。政府是语言教育产品的主要供给者，从某种程度上说，政府的政策导向、政府所能提供的语言教育产品的数量和种类极大影响了个体语言技能的选择集合，进而影响个体和国家的语言技能资本总量和结构。国家教育中所能提供的语言教育公共产品越充裕，可供选择的语言技能教育产品种类越多，个体所能获得的语言技能就越多。同时,教育政策对个体所需掌握的语言技能要求越高,个体相应就会掌握更多的语言技能。

因此,个体语言资本投资研究可以考虑以下几个方面内容(王海兰,2012):

1. 语言资本投资的收益要素,包括:(1)市场收益;(2)非市场收益;(3)直接市场收益;(4)间接市场收益;(5)交际收益;(6)劳动力市场使用的语言;(7)产品市场使用的语言;(8)世界语言系统/语言的国际影响力;

2. 语言资本投资的成本要素,包括:(1)直接成本;(2)间接成本;(3)语言教育市场的供求状况;(4)时间投入;(5)语言距离等;

3. 语言资本投资的财富约束要素,主要有:(1)总收入;(2)劳动收入;(3)投资收入等。

第四章　语言产业及其对国民经济的贡献

语言产业是指经营性的语言活动,它可以是国民经济的重要组成部分,与别的产业有着相互影响和促进的关系,有些交叉领域还难以准确界定。对于一国的语言产业而言,需要关注的主要问题是:语言产业的统计意义上的界定和核算问题、国家的语言战略和产业规划问题、语言产业的拓展和提升问题等。我国现阶段需要从国家层面重视语言产业战略和语言产业规划,提高语言产业质量。

第一节　语言经济与语言红利

当今时代,语言不仅是交际的工具,同时也是一种具有价值、成本、收益和效用的社会和自然资源(张卫国,2015)。对个体而言,语言的经济价值包含三个方面:一是人们在语言的帮助下完成某项工作,从而取得经济效益;二是人们依靠语言从事某项职业或参与某种活动,从而取得经济效益;三是语言在劳务市场中满足社会的需求,从而使个体取得经济效益。具体表现在个体掌握某种或某几种语言技能后可以在未来获得更高的工资和更多就业机

第四章 语言产业及其对国民经济的贡献

会,而个体缺乏某种语言技能而遭受的工资和就业机会损失。对于国家而言,语言的经济价值也主要体现在三方面:第一,通用语言对国家经济发展有重要影响。通用语言的确立和推广大大降低本国内的交易成本和社会发展成本,促进国家内部经济贸易的发展。第二,本国居民的语言技能水平对本国的经济发展具有推动作用。第三,也是非常重要的一点,语言产业的发展可以对国家经济发展做出贡献。李宇明(2011)认为,语言不仅是一种软实力,同时也是一种硬实力,它可以以产业的形式为国民经济发展创造价值,赚取"语言红利"。随着经济全球化的进程,语言正以强劲的态势深入到科技、经济、社会生活等众多的行业领域,成为国家的重要战略资源,一些与语言文字密切相关的产业和职业也应运而生,语言培训服务、语言辅导服务更是大量涌现。目前世界上许多国家都存在着一种语言经济的现象,已形成了一个庞大的产业——语言产业,且表现出很强的生命力。语言产业已经成为促进社会和经济发展的重要动力,由此催生出一种新的经济形式——语言经济(张卫国,2015)。

语言产业是语言经济最直观的表现形式。各类语言产业的形成可以有效地推动本国经济增长,成为一国经济发展的重要支撑点。据欧盟委员会于 2009 年完成的《欧盟语言行业市场规模报告》介绍,2008 年整个欧盟成员国语言市场总产值达到 84 亿欧元,这个数字包括了整个产业链中的笔译、口译、软件本地化及网站全球化、语言技术工具的开发、语言教学、语言咨询以及多语种国际性会议的组织等。另外也包括了与语言相关的一些企业活动。未来若干年每年增长率将在 10% 以上,语言产业已成为几个增长率最高的产业之一。北美方面,据研究介绍,2004年语言产业为加拿大国内生产总值的贡献额保守估计约27亿加元。其中,语言翻译行业带来的收益约12亿加元,各类语言培训学校为国内生产总值贡献额约为15亿加元。同时加拿大语言产业为全国提供了5万多个就业岗位。再比如,美国的命名产业。据相关报道,美国1985年的命名产值是2.5亿美元,而1999年品牌命名产值总计达150亿美元,占同年美国广告业总值的6%。

在我国,相关数据也已表明,发展语言经济具有巨大的资源优势和发展潜力,语言产业已经成为我国经济新的增长点。以翻译服务市场为例,2003年我国翻译市场年产值为110亿元,2005年为200亿元,2007年则达到300亿元。据有关部门统计,我国由各种经济成分组成的翻译公司目前近3000家。我国外语出版市场发展势头也非常强劲,外语出版目前每年的产值估计在150亿元以上。

我们可以这样认为,从经济学的角度出发,语言是具有经济价值和产业特征的"稀缺产品"。占有较多的这种产品可以获取更多的红利,开发更多的这种产品可以获得更高的经济和文化收益。因此,语言经济是以语言活动为基础的经济,它不仅包括为开发语言资源而进行的生产活动,还包括直接或间接为开发利用语言资源的相关服务性产业活动,如语言职业、语言服务、语言产业等,其实质就是为了满足人们提高语言能力的要求从而产生的经济活动及其所带来的经济效益。简言之,语言经济是指开发、利用和保护语言资源而产生的各类产业活动以及与之相关联的活动总和(张卫国,2015)。

第二节　语言产业的内涵、外延及业态形式

一、语言产业的内涵与外延

1. 语言产业的定义

什么是语言产业，目前学界还没有统一的认识和标准。我们给予最一般的定义：语言产业是经营性的语言活动。根据经济学的观点，语言产业有以下特点：第一，产业是一种经济行为或者经济活动。第二，产业指生产领域的生产劳动和这种生产劳动在这种领域的延伸。第三，产业是对同一属性企业的集合。因此，我们认为，语言产业是这样一种生产和服务活动：它主要采取市场化的经营方式生产语言类产品或者语言服务，满足国家或者个人对各种语言类产品或者语言服务的多层次需求。从微观层面讲，各种语言类产品能够提高个人语言技能，增加个人人力资本，满足个人多层次的经济需求。从宏观层面讲，各类语言产业的形成和发展可以有效推动一个国家或地区的经济增长（黄少安、苏剑、张卫国，2012b）。

语言产业外延很广，大体可以包括语言翻译、语言教育培训、语言推广（语言传播）、语言（听障）康复、品牌命名以及对于以上语言服务支撑的技术产业（如语言文字的信息化处理技术）。各国或地区的具体情况不同，也会出现具有本民族或者区域特色的语言产业。

2. 语言产业与文化产业、教育产业、语言经济的关系

语言和文化密切相关,语言是文化的凝聚体,是文化的组成部分,是文化最核心的载体。什么是"文化产业"?最一般的定义:文化产业是经营性的文化活动。它的外延很广,包括报纸杂志业、影视音像业、出版发行业、旅游观光业、演出娱乐业、工艺美术业、会议展览业等(王广振、曹晋章,2010)。从文化产业的外延可以看出,文化产业所衍生出来的职业基本上都与语言有关,体现了语言是文化的核心载体。因此可以认为,语言产业是文化产业的基础,也是其重要的组成部分。语言产业的发达程度,在很大程度上决定文化产业的发达程度。例如,一国的出版、新闻传播以及娱乐等文化产品,要想更好地促销和出口产品,主要依赖于本国语言产业的发达程度。好莱坞的电影行业能够占领全球市场,主要来源于其语言的强势和语言产业的发达。

教育产业也可以定义为"经营性的教育活动"。部分教育活动产业化是市场经济条件下的产物或要求,教育产业化的含义为:教育作为一种产业来发展,要企业化、市场化、商品化、大众化。教育是外延广泛的概念,从不同的角度有不同的划分。教育活动不一定都是经营活动,但是,部分教育活动是可以产业化的。所谓教育产业化,在市场化经济条件下也有其特定的界区或范围,并非任何形式、任何阶段、任何内容的教育都能产业化,不能片面理解为把学校办成以盈利为目的的企业(黄少安,2001)。应该从国民经济整体上去理解,许多的教育活动及其硬件的生产,按照市场经济的原则进行组织,形成了与其他产业相同或相近的特征,于是形成了

教育产业,包括一些教育机构本身企业化运作,为教育提供各种服务和各种硬件产品的企业以及非企业化却已市场化的教育活动等。由于所有的教育活动都是以语言(包括各种形式的语言)为基础的,所以可以说,语言和语言产业是教育和教育产业的基础,语言教育产业本身就是教育产业的一部分,当然也是语言产业的一部分。语言是必须经过学习才能掌握的。因此,语言产业的业态支撑点是教育。语言产业的发展以及语言产业链的延伸都离不开教育产业的发展。

语言经济比语言产业的外延要广,语言产业只是语言经济活动的一部分,是纳入市场经济框架的部分,可以说是核心部分,但不是全部。因为即使在市场经济条件下也并非所有经济活动都在市场经济框架内,语言经济也是如此。语言经济与语言经济学当然密切相关。语言技能的人力资本属性、语言资源属性、语言规划的经济学分析的一整套理论,都为语言产业的形成和发展提供了理论基础。语言经济学本来就是把语言以及与语言相关的因素作为表征变量,经济学的工具可以用来测度语言产业的成本收益、语言产业对国民生产总值增长的贡献度等。因此可以认为,语言产业是语言经济学研究的对象和出发点,也是语言经济理论与实践结合的契合点,对语言产业的研究是语言经济学具有重要应用价值的体现。

二、语言产业的业态

语言产业的业态大致包括如下几类(张卫国,2015):

一是语言培训。语言培训是以提高人们的语言能力为目标的经济行为,目前遍布世界各地的语言培训机构,特别是外语培训机构,就是此类语言经济行为的典型代表。语言培训通过向受训者提供语言产品(如英语),对其进行培训,帮助其掌握该种语言产品的使用。在此过程中,受训者向培训者支付一定的培训费,由此,语言培训者从中获得经济收益。

目前瑞士每年出资 25 亿瑞郎,相当于 8.5% 的教育经费,用来支付语言教学。早在 2008 年,欧盟委员会也曾通过一份题为《语言多样性:欧洲的财富与共同的义务》(以下简称《语言多样性》)的政策文件,目标是提高公众对欧洲语言多样性价值和机会的认识,鼓励社会扫除文化间对话的语言障碍,具体措施集中体现在"语言多样性与社会繁荣""语言教育与终身学习"等五个方面。其中,它所倡导的"语言教育与终身学习",力图为所有社会成员实现"一门母语加两门外语"的目标提供切实可行的机会,为学习者提供更多的语言选择,并满足地方需求。当然,开展语言教育,提高国民语言能力,离不开语言政策的引导。同时好的语言政策可以产生更多的经济效果。正如前面《语言多样性》文件所强调,正确的语言政策可以提升商业的竞争力,并提高公民的就业率。

二是语言文字出版。这里所说的语言文字出版,并不是指广义的出版行业,而是指辞书、语言读物、语言教科书、外语考试辅导教材、应试指南等语言类出版物。电子书时代的到来,给我国的出版业、特别是给教材出版商带来了挑战和发展机遇。

三是语言翻译。语言翻译也是众多蓬勃发展的语言产业之一。语言翻译行业体现的语言产品更为明显,在翻译过程中,翻译者通过提供口译、笔译或者手语翻译的最终语言产品,从而获得相应的经济报酬。语言翻译是语言经济中重要的方面,它涉及众多的行业和部门,在国际政治往来、文化交流、经贸合作等方面发挥着重要作用。

四是语言服务与消费。语言服务有广义和狭义之分,广义的语言服务包括语言翻译与语言培训在内的社会语言服务;狭义的语言服务则是指特定行业领域内的语言服务。这里所说的语言服务主要是指狭义上的,即在提供相关服务时,以语言为工具手段的语言服务。在此类语言经济行为中,语言的价值很大程度上是依附于其他服务内容的。从这个意义上讲,小品、相声等语言艺术也属于语言服务业。此外,同其他文化产业一样,书法、影视话剧、播音主持等语言艺术,也都能够产生经济效益,都能够形成相应的产业。

五是语言科技。语言科技主要涉及与语言运用、语言信息处理等有关的软件设计、开发及生产等方面的经济活动,通过给客户提供与语言相关的技术、设备或高科技产品,形成了各种专利,获取相应的经济利益。

六是语言创意。主要包括广告策划、商标设计、图形语言创意等。经典的广告语可以把语言的力量发挥到极致,观众喜爱,产品自然畅销。

七是语言潜在市场。除上述相关行业外,还存在着一些语言潜在市场。比如语言能力康复。聋哑人、老年痴呆症患者、语言发展迟缓的儿童,都需要语言能力康复,这方面巨大的需求也催生了语言康复师、语言心理辅导师等新兴职业。

第三节　语言产业对经济贡献度的测度

发展语言产业的目标在于追求语言的经济贡献度,最大限度地节约成本并获取语言红利。目前语言红利已经凸现。首先体现在拉动语言内需上。以出口为动力的经济推动了以英语为主导的语言教育需求,英语教育市场和英语语言产业获得了发展。因此当面临出口贸易下滑的情况,有必要引导适应发展国内贸易市场的语言教育。其次,语言经济可以促进语言消费。语言消费的对象是语言资源,不同的语言消费形式,其消费的语言资源有所不同。语言学习,作为一种语言消费,其消费对象是语言本身;语言服务,作为一种语言消费,其消费对象是语言使用。提高服务业的语言服务规范可以引发语言服务需求、语言服务供应、语言服务培训等一系列可以产生经济效益的连锁反应。第三,促进语言就业。新领域的语言资源开发必然带来新的语言产业和语言经济。传统的语言产业可以扩大应用范围,如对少数民族语言的培训、对专用外语的培训等。语言产业需要专门的人才,于是社会上就出现了很多新兴的职业,即语言职业。因此,除了传统语言产业之外,语言就业还包括许多有待开发的新的语言产业、语言职业,如速录师、手机翻译、方言翻译等。一方面,新的语言产业和语言职业必将创造新的就业岗位,给社会增加新的就业机会。另一方面还能促进其他事业的顺利进行和健康发展。第四,语言经济作为文化经济、绿色经济,不但没有破坏自然环境,还可以伴随国民语言素质的提高、语言认同的改善,促进民族团结及和谐社会的建设。比如普通话推广,不仅给国家创造了无限的社会价值,而且也创造了巨大的经济价值。

从国外的经验上看,语言产业已成为几个增长率最高的产业之一。特别是在当前倡导低碳经济、绿色经济的形势下,语言产业对拉动内需、促进国民经济健康发展都有很强的现实意义。因此,衡量和测算语言产业对国民经济的贡献度非常必要。

测度语言产业对国民经济的贡献度,要解决两个主要问题。首先要从理论上界定语言产业的边界,其次合理构建统计口径,找寻适当方法,准确度量语言产业的贡献。关于语言产业的界定,可以从前面语言产业的定义入手。首先,语言要形成产业,必须通过市场的运作方式,语言产品和语言服务是产业的核心;其次,产业链条中的语言产品和语言服务要满足国家、社会或个人的语言需求,可以分为微观和宏观两个层次;最后,语言产业的形成和发展可以促进经济增长,为国家经济发展做出贡献,这是语言产业形成的一个标志。事实上,与文化产业相比,语言产业可以被看作是文化产业的一个重要组成部分,也是文化产业的基础组成部分,之所以将语言产业从文化产业中剥离开来,是因为语言产业越来越发达,具备了单独形成产业的条件。语言产业与文化产业分离的另一个好处在于,在今后的宏观经济统计工作中,可以直接将语言产业的数据纳入到文化产业当中,只要避免了重复计算问题,就可以大大简化工作程序和工作量。语言产业与教育产业存在着交集,特别是语言教育(培训)产业,既属于语言产业,又属于教育产业。反过来,人类语言不是与生俱来的,是通过后天习得的,教育便成了语言产业的业态支撑点。

明确了语言产业和文化产业以及教育产业三者的关系,哪些行业属于语言产业,便是一个统计口径的问题。由于语言产业外延很广,国内倾向于将语言产业进一步细分,如语言传播、语言教育培训、语言出版、翻译、语言康复、品牌命名,等等。但事实上,如此分类在实践中并不利于行业数据的统计调查,因为有时很难把一些分类同其他相关产业或生产服务区分开来。国外的语言产业统计口径则较宽,例如加拿大的语言产业主要分为翻译、语言培训和语言科技三大类,之下再进行二级分类,由于数据无法精细到语言产业的方方面面,研究中往往就现有数据进行保守计算,然后再估算其他没有涵盖的语言产业。这不失为一种可以尝试的方法。

最后,在语言产业对经济贡献度的具体度量上,要多方面综合考察,而不是拘泥于某个单一指标(张卫国,2012b)。可从以下维度进行考察:语言产业所创造的增加值占国内生产总值(GDP)比重,占第三产业增加值比重,产业的关联效应和乘数效应,对财政、居民收入和社会就业的贡献,以及对经济增长的拉动作用,等等。因此在具体的测算方法上也有多种选择。在产业增加值占GDP比重和占第三产业增加值比重时,可以计算产值百分比;产业关联效应和乘数效应上,则要使用相关公式测算产业关联系数以及相关乘数;语言产业对财政、居民收入和社会就业的贡献上,可以使用投入产出分析法;测度语言产业对经济增长的拉动作用,采用计量经济学的工具和方法是首选。

第四节 我国语言产业的发展现状及其政策建议

一、我国语言产业发展现状

1. 各种外语尤其是英语教育产业近年来发展势头迅猛

我国外语培训尤其是英语培训行业已经形成较大的产业,并出现一些具有较高知名度的企业,如新东方教育科技集团等。据统计,2005年我国外语培训市场规模约150亿元,2007年约为200亿元,2010年则升至约300亿元,从事外语培训的机构已有50000多家。另据有关网络调查显示,我国外语培训语种中,网民最为关注的是英语,占七成左右。英语在世界上的通用程度以及国内绝大多数人将英语作为第一外语使其成为语言培训中的主导语种。

2. 我国语言翻译的规模巨大,在世界语言翻译市场中占有较大份额

据有关部门统计,我国由各种经济成分组成的翻译公司目前近3000家。翻译服务市场年产值也是迅速攀升,2003年为110亿元,2005年为200亿元,2007年则达到300亿元。

3. 汉语国际化的速度加快,影响迅速扩大,但产业化水平低

目前,在我国国际贸易往来、交流合作越来越频繁的背景下,国际社会对汉语的需求迅速增长,掀起一轮新的"汉语热"。近十几年,在世界各地以建立孔子学院为主要方式的汉语国际推广进展很快,这能够扩大我国的世界影响,提高国际地位,促进汉语言的普及。但对外汉语教学作为汉语言产业化的重要组成部分,发展不快,对带动教育产品需求的作用还未完全发挥。

当前,汉语推广的主要问题存在于:第一,尚未形成语言产业意识,没有看到语言产业在本国国民生产总值增长中的作用,也缺乏相应的促进产业化的政策。第二,汉语教材陈旧,多媒体网络设备老化,远程教育滞后,严重制约了汉语的传播。第三,师资力量缺乏和教学手段单一。

4. 各种支持语言服务的技术产业发展较慢

各种语言服务离不开相关的技术产业支持,比如可以进行外语培训教育的电子词典,对外汉语的多媒体教学系统,语言康复所需要的各种助听器以及语言翻译产业所需要的同声传译仪器,品牌命名开发的各种软件等。这些语言服务产业必须以雄厚的科技实力为基础,因此也就派生出语言服务科技支持产业。目前,我国这一产业发展滞后。

5. 汉语言文字的现代信息化处理技术获得重大突破,但产业化水平还不高

我国很重视汉语言文字信息化处理的科学研究和技术开发,以汉字激光照排系统为代表的一系列技术发明和国家建立的一系列信息库,为信息化和产业化提供了技术支撑。同时,也成立了一批开发和应用相关技术的企业。但由于配套技术的不完善、技术产权保护力度不够、相应的产业政策不完善,总体产业化水平不高。

6. 品牌命名产业尚未起步

品牌命名产业是一种利用语言进行商业宣传的社会语言应用现象,近二十年这一产业在美国发展起来。数据显示,1999 年美国所有品牌命名总量 600 万次,占命名公司完成总量的 12%。一些美国著名品牌,如,Pentium(奔腾)、Pampers(帮宝适)、Lucent(朗讯)、Sprite(雪碧)等,就是这种语言产业的产品。这些品牌名称不仅是美国经济实力的标志,也是语言学理论研究服务于经济发展的很好例证。

遗憾的是,我国品牌命名方面的研究还未得到足够的重视,更没有有意识地把语言学方面的研究成果用于品牌命名。任海棠(2006)调查研究显示,在中国学术期刊全文数据库中输入关键词品牌命名或产品命名,在 1994－2005 年社科类各期刊中,查到只有 156 篇文章与这两个关键词相匹配。这 156 篇与品牌命名有关的文章,几乎全都谈到品牌命名的重要性,只有 5 篇从语言学的角度分析中国(中文)品牌命名的规律、特点以及模式等。同时,没有

找到对品牌命名开发利用的任何文章,可见我国的品牌命名产业还没有发展起来。因此,应尽快实现语言学和语言经济的科研成果转化,发展品牌产业,同时宣传企业的价值观念,提高国内企业在国际上的知名度。

二、对我国语言产业发展的建议

1. 尽快制定基于国家经济社会发展总体战略的语言产业战略

可以预见,语言产业和相关职业具有无限的发展前景。我国虽已制定总体的语言规划和一些语言战略措施,但还没有纳入国家经济发展总体战略的语言经济战略或语言产业战略。应尽快统筹相关部门和组织有关领域的专家(经济学家、法学家和语言学家等)制定国家层面、宏观意义、指导性、有配套措施和政策的语言经济战略或语言产业战略。

2. 重视语言经济学研究及其成果的普及

一方面,树立语言经济、语言产业的观念。语言的学习、服务以及相关的产品可以作为产业来发展,并有可能成为国民经济的产业之一,甚至是重要产业之一,能够对国民生产总值(而且是绿色国民生产总值)增长有很大贡献,并起到增加就业、增加财政收入、提高人力资本价值的作用。语言产业的发展既可以增强一国的软实力,也可以增强一国的硬实力。另一方面,构建一个语言产业核算或统计体系,将其纳入国民经济核算体系中,以测算语言产业的成本和收益或投入和产出,以及语言产业对国民经济的贡献度。

3. 重视语言产业人才培养和技术的支持

有关统计报告显示,在英语培训教育产业中,英语培训网民往往关注某个培训机构的知名教师以及知名度较高的教师所在的教学团队。我国对外汉语教学滞后的瓶颈就是师资力量缺乏,培养一支具有较高综合素质和能力的队伍,对于语言产业的壮大与发展具有重要意义。

语言服务产业需要技术支撑,应努力加强数字化、信息化技术研发,把语言、语言产业和现代技术密切结合。众所周知,美国的语言产业发达,归因于美国语言服务科技产业的发达,这些高科技又迅速地与其他语言产业结合,有力地发展和壮大了语言产业。我国对于作为信息科学技术核心的语言科学技术的重视还不够,尤其是缺乏国家层面的统筹规划和协调,因此需要加大对语言科学技术的重视和研发投入。

4. 制定和完善相关政策、法律

制定和完善有助于语言经济、语言产业发展的法律和政策,对语言产业的健康快速发展尤为重要。我国有关语言的立法和政策,长期以来缺乏经济和产业意义的考虑,有很多法律和政策方面的空白,面对日益增多的语言产业需求以及国际关系的处理,显得很不适应、很被动。因此,我国应尽快围绕语言教育、语言使用、语言科技及其相关的知识产权、语言服务贸易、语言保护等方面制定一系列法律和政策。

5. 围绕语言产业的相关统计指标建立数据库

近年来,以国家语言文字工作委员会为主的政府部门或机构,建立了一些数据库,出台了系列语言生活报告,对国内的语言生活以及语言文字使用规范进行了调查。大力发展语言产业,必须围绕语言产业的相关统计指标建立数据库,对相关的语言产业追踪调查,如我国的语言培训或者语言教育产业的投入成本、直接产出、就业人数、相关的科技发展及投入产出情况、语言服务贸易等,都应该予以统计,建立数据库。

第五章 语言政策和语言规划：经济学的视角

一国的语言政策和语言规划，需要考虑各种因素。为了提高政策和规划的有效性，经济学角度的考量无疑是必要的。

第一节 语言政策与语言规划的经济学分析

一、什么是语言规划

语言政策与语言规划是一种社会行为，历史悠久，从秦始皇的"书同文"到中华人民共和国成立后统一使用简化字，这些语言政策都可以纳入语言规划的范畴。但是对语言规划的学术研究，是近半个世纪的事情。一般认为，语言规划一词由"语言学家魏因里希在1957年率先提出，之后由美国语言学家埃纳尔·豪根于1959年首次用于文献中"（转引自郭龙生，2008）。那么什么是语言规划？纵观语言学的文献，基本上大同小异。人们普遍认为，语言规划是一个国家制订的语言文字方面的全面而长远的发展计划，比如官方语言的制定，文字的制定与改革，语言文字表达与书写的规范性等。语言学家主要是从以下几个视角来研究的，比如从规划者的角度出发,Robert Cooper (1989:98)认为可以从这样几个方面去分析语言规划活动:谁是规划的制定者?针对什么行为,针对哪些人?要达到什么目的(或出于什么动机)?在什么条件下?用什么方式?通过什么决策过程?效果如何?哈尔曼(Harald Haarmann,2001)则从接受者的角度出发,认为要理解语言规划的总体影响还应该考虑谁接受规划规定?接受什么规划规定?从哪儿接受规划规定?在什么情况下接受规划规定?语言学家一般都是从语言本体来研究语言规划,这是不成问题的,但是语言规划是一种社会行为,有必要评估这种社会行为效果。经济学就为语言规划提供了事前估计与事后评价的科学方法,因此有必要从经济学的视角对语言规划的定义进行补充。我们认为,语言规划是语言文字全面而长远的计划以及这种计划投入与产出的全面估算。因此语言规划的研究还应该涉及语言政策的成本,语言政策的收益以及基于国家经济发展的语言战略。

二、经济学分析语言规划的意义与可行性

(一)经济学分析可有效评估语言政策效果

语言学或政治学的方法通常强调解构或明或暗的意识形态,来支持某种政策,进而描述这种政策的具体措施。这些方法常常表现出解释学的倾向,它们主要关注如何解释一种政策,揭示政策实施的目的并设想其最终结果。但是,语言规划只确定特定的措施以满足既定目标是不够的,目标必须是可测量的,且有一个共同的测量单位。换句话说,这里必须有一个共同的评价标准。同时,

对政策的效果进行评估不仅要看政策的产出量,还需要特别考虑政策的投入量。就此类问题而言,传统语言规划研究在方法上似乎遭遇了瓶颈。它们在公共政策的宏观层面上难以提出有关语言教育或改革的有效措施,而这往往是决策者所真正需要的。在这一问题上,语言政策和语言规划的经济学分析能有效弥补传统语言规划研究的不足。目前,经济学在关于语言政策评价研究上已经取得了一些实质性进展。许多经济学者也已经对语言规划做了广泛而深入的研究,他们前瞻性的工作令人瞩目。在20世纪90年代,切齐和金(Church and King,1993)用网络外部性理论阐述了双语的竞争力,以及对一个社区所采用的语言政策进行了成本收益分析,认为一国的小语种语言终将被大语种语言所同化吸收,因此政府的语言政策可以对大语种语言实行有效的补贴。随后这一学科围绕着语言规划成本与收益的核算展开,主要代表人物是格林。格林(1996)首先从经济学的角度给语言规划下过一个定义:旨在增加社会福利水平而解决语言问题所付出的一种系统的、理性的和基于理论的社会层面上的努力。它通常由官方机构或其代理人加以实施,对象是他们所管辖范围内的部分或全部居民。格林(1999,2002)以案例研究的方法对威尔士、爱尔兰、瑞士等国家或者地区小语种语言的政策进行评估,显然具有建设性的意义。同时格林(2008)又命名了语言教育经济学(Economics of Language Education),评估语言政策的经济价值。Vaillancourt和Coche(2009)对加拿大语言政策的成本和收益进行了测算。

(二) 经济学分析更强调理性选择

语言政策和语言规划的经济学分析就是将经济学的理论和方

法用于语言政策和语言规划问题研究,并考虑经济因素对相关语言变量的影响。其特色在于:过程中更加强调理性选择,目标上更侧重于社会福利的提升。

目前语言政策和语言规划的经济学分析主要通过以下三个方面的工作,以扩展传统语言规划的研究范围,提高研究深度(张卫国,2012a)。一是研究解释语言政策和语言规划的效应和内容。在分析语言政策和语言规划与民族、社会、经济等因素相互间的关系,一国语言政策为什么要采取特定形式等问题时,经济学的引入能使分析和判断更全面、更准确。二是选择和设计有效的语言政策并指导其实施。讨论如何应用语言政策和语言规划来达到特定目的(比如建立孔子学院,对汉语进行国际推广等),这是语言规划的中心目标。充分运用经济学理论和方法能够提高语言规划实现特定目标的能力。三是评定语言政策和语言规划的目标。主要做法是建构模型和评价指标,将语言政策的目标和结果相关联,科学评价语言政策的实施效果。

(三) 经济学分析可操作性强

经济学分析应用于语言政策和语言规划,主要在于前者能够为后者提供一个强大的分析框架,尤其是在语言政策和语言规划的选择、设计及评价方面。关于事前选择和设计,经济学理论(更确切地说是理性选择理论)有助于找到分配中效率兼顾公平的方法。例如,Grin 和 Vaillancourt(1999)建议,在资金投入上,语言政策也可以像健康或环境政策一样,由政府从税收中拨款,进行再分配。如果政府一直按相同的税制对辖区内使用 X 和 Y 语言的人群征税,却主要提供 Y 语言服务或加大其支持力度,这表明政府把 X 语言纳税人的钱重新分配给了 Y 语言的使用者,这是不公平的。但是,如果 Y 是濒危语言,而 X 是官方语言,上述做法出于保护濒危语言的目的就是可取的,而且是有效率的。在旨在促进少数民族语言的情况下,这种兼顾公平与效率的做法一般不会引起争议。关于事后评价,经济学的成本收益分析可以使结果指标与每项政策的成本联系在一起,使我们能够拿出一个标准来比较那些完全不同的政策。可见,经济学在语言政策和语言规划分析上的优势主要在于可操作性,特别是有助于探究那些关于语言政策和语言规划的实际问题,而不是单纯地停留在政治辩论的层面上。

政策分析的经济学视角是以问题为导向的,它关注政策问题的原因、解决方法以及解决方法对初始问题和政策环境的影响等,着重解释政策问题与解决方法之间的关联性。在经济全球化、社会信息化的今天,究竟是经济因素影响了语言选择过程,还是语言选择影响了经济变量,这是研究中需要厘清的问题。对语言变量如何影响经济变量(如外语能力对就业和劳动收入有着正相关影响)和经济变量如何影响语言变量(如国际经贸往来加速了某些语言的传播)的研究,有助于人们充分认识新形势下国家语言政策和语言规划工作中的新问题、新机遇和新挑战。

(四) 经济学方法是语言规划研究的补充

语言政策和语言规划的经济学分析目前仍处于探索阶段,同时也存在着一些问题。最主要的问题在于模型变量的选择。真实世界的多样性及其相互影响需要模型相对简化。无论对于经济学还是其他学科,合理简化是所有模型的关键。如何最有效地简化模型,首先面临的就是选择哪些变量而舍弃哪些变量,且所选变量必须可以用来直接或间接地解释语言政策所采取的措施。其次,变量的选择还存在着优先顺序问题。政府总是倾向于选择那些最具有政策解释力并且和特定形势相关的变量,语言经济学的变量选取也有可能略掉一些和社会语言学相关的或和政治有关的变量。而经济学数理分析可能忽视的语言变量在传统语言规划研究中通常不会被遗漏。因此,将经济学理论和方法纳入到语言政策和语言规划中来,并不是要取代传统的语言规划研究(张卫国,2012b),而是将其作为语言规划研究的一个补充(张卫国,2011b),起到辅助作用。

总之,语言政策和语言规划的经济学分析是语言规划研究中新颖且极具发展前途和潜力的一个研究方向。如果我们在语言政策和语言规划经济学分析的过程中,尽量避免可能存在的错误,经济学的理论和方法不失为一个行之有效的分析工具(张卫国,2008b)。

第二节 语言的供给与需求

我们认为语言的供给和需求可以从个量(微观经济学)和总量的方法(宏观经济学)来研究。微观研究围绕三方面来展开:第一,谁是语言的供给者;第二,谁是语言的需求者;第三,如何对语言这种产品定价。宏观研究侧重于总量视角即构建国家对所有语种的总需求函数和对所有语种的总供给函数,并研究总量与一国 GDP 与就业水平的相关程度。语言供给与需求的总量研究涉及国家的语言战略,也影响语言政策的制定,相信在不久的将来,会成为语言经济学研究的重点问题。

一、微观视角下的语言的供给

从微观经济学的视角研究语言的供给必须弄清楚两个问题。第一,经济学上的供给的概念;第二,语言是什么产品。微观经济学上的供给指愿意提供并且能够提供的产品。这里包含两个要点:首先,愿意供给;其次,能够供给,也就是说必须有供给能力。这两个条件缺一则不能成为经济学意义上的供给。语言经济学的供给应该符合经济学供给的概念。

语言到底是一种什么产品?我们认为语言是一种公共产品(张卫国,2008a,2008b),公共产品的特征就是消费与使用的非竞争性与非排他性。如对一国官方语言的使用并不影响其他人说这种语言。既然语言可以被看作一种公共产品,必然涉及供给与需求。语言公共产品的供给包括语言本身的供给(基本上指官方语言)和语言教育的供给(包括第二语言教育)。官方语言的供给,即官方语言的确定;而语言教育,从某种程度上说,也就是语言推广。事实上,它们都是一个国家或地区语言政策和语言规划的一部分。语言推广也是语言政策和语言规划的一项重要内容。以国家为单位,语言推广包括国内推广(包括国内的第二语言教育)和国际推广,其供给都属于语言教育的供给。与官方语言的供给不同,语言教育的供给应该属于准公共产品供给,因为它具有消费的局部排他性,同时具有消费的非竞争性。例如,在同一个学校或培训班中,在本期名额已满的情况下,参加语言教育的人对当期的后来者有一个相对的排他,但不是绝对的排他,因为后来者可以接受下一期的语言教育。根据公共产品理论,完全的私人供给或政府供给往往不能达到整体消费者对语言教育这种准公共产品的真正需求,而是需要政府和私人的合作供给。因此,一国内的各种私立语言学校、培训班等的语言教育与国立大学中的语言教育(推广)并存是符合经济学原则的(张卫国,2008a)。同理,语言的国际推广也是如此。但是,语言的国际推广还有其特殊性。从语言收益的角度上看,语言国际推广的收益是多重的,包括扩大推广国的政治影响力、促进其经济发展以及加快民族文化传播等。加之,国际间语言推广所需投资额之大,周期之长,如果政府不在其中占据主导地位,私人或非政府组织很难取得实质性进展。因此,推广国政府有责任积极地组织、策划和协调语言推广。综上所述,语言推广主体的选择在很大程度上是由其公共产品性质决定的(张卫国,2008a)。

二、微观视角下的语言需求

经济学也给需求下了严格的定义,认为需求是一定的时期,在一既定的价格水平下,消费者愿意并且能够购买的商品数量。定义主要把握两点,一是心理意愿,另一个是有能力购买。如果一个人愿意学习英语,但是支付不起英语教育的学费,那也不能称作对英语教育的需求。语言经济学所说的需求可能与我们口头上说的需求概念有些出入。格林在进行语言经济价值研究时,利用微观经济学的供求分析方法研究语言产品,首次提出了语言类产品与服务的概念(转引自江桂英,2010),在衡量语言类产品与服务的需求量时,认为该产品的需求量是消费者收入、偏好、时间的函数。在他的理论中,他提出了语言产品如何与收入以及时间相关的。我们认为语言需求主要指二语习得即第二语言的需求问题。语言需求应该有以下几个问题值得研究:第一,二语习得选择标准。德·斯旺(2008)语言 Q 值模型在一定程度上给我们提供了二语选择标准。第二,对某种语言的需求与个人就业以及收入如何相关。这需要调查研究,并采用计量经济模型,来研究某种语言的作用以及对个人的经济价值有多大。

懂得了语言需求与语言供给的定义,就可以对语言产品进行静态分析以及比较静态分析,研究语言产品价格以及影响因素。语言需求与语言供给决定了语言产品的价格,当人们收入提高时,可能会提高语言需求,提高语言产品价格

三、宏观层面下的语言供给

主要指某国或者某社区由于对各语种的提供所引致其他服务所带来的收益与成本的比较以及最优的语言供给总量。举例来说,欧盟选择多少语言作为工作语言,多加一种语言所带来的成本为多少。在德·斯旺(2008:200)的著作中说:"在欧盟的部长理事会和欧洲议会的正式会议上,每次发言都要用到其他 10 种语言同声传译,这就要 110 个同声传译组。实际上情形亦是如此,尽管许多口译人员能使用多种语言,尽管更多的时候是在借助某种更广泛的使用中介语言进行间接翻译。1989 年还只是有 9 种官方语

言,但欧共体动用了2500名笔译员和570名常任理事员,加上2500名签订了临时合同的口译员。1999年,仅欧盟委员会的笔译与口译费用总额,就占到了内部费用的百分之三十,约3.25亿欧元。再加上欧盟其他机构的翻译支出,总计达7亿欧元。"当然这些问题十分复杂,正如德·斯旺(2008:173)所言:"事实证明,比起决定使用某种共同语言,让欧盟决定使用一种共同货币更为容易。"目前,中国还没有建立数据库与相应的统计指标对我国语言供给总量进行汇总,所以很难测度出语言供给占一国经济总量的百分比。针对这种客观条件限制,学界应该从区域研究着手,采取总量的方法研究语言供给量占某区域经济总量的百分比。另外,改革开放以来,中国对外语的供给总量(包括外语书本,多媒体设备等)较大,很有可能导致英语的过度供给问题,如何确定英语的最优供给总量,或者说外语在多大程度值得学,这是当前语言经济学界亟需解决的难题。

四、宏观层面下的语言需求

宏观层面下的语言需求主要是指在一定时期内(通常为一年)某国或者某社区对某种或者几种语言的需求总量,以及这种需求总量与一国的经济总量相关关系(如就业量以及收入提高等)。

就我国而言,当前英语的需求量最大。英语培训行业已经形成了较大的产业,比如新东方教育、新航道英语培训、山木培训等。截至2011年5月,仅新东方教育已经在全国48个城市设立了54所学校、6家产业机构、47家书店、500余家学习中心,自成立以来,累计面授学员超过1500万人次[1]。另外根据百度数据研究中心调查显示[2],我国外语培训行业语种中,网民最为关注的是英语,约占七成左右。英语在世界上的通用程度以及国内绝大多数人将英语选为第一外语让其成为语言培训中的主导语种。培训技能以口语为主,网民关注口语或者口译比例占50%左右,因此未来培育口语技能的语言产业将有更广阔的市场前景。

就世界而言,他国对汉语的需求如何？目前在世界各国与中国之间贸易往来、交流合作越来越频繁的背景下,国际社会对汉语的需求迅速增长,掀起一轮新的"汉语热"。根据国家汉办统计,现在国外通过各种方式学习汉语的人数超过3000万;东南亚地区学习汉语的有160万,其中学习汉语的大中小学生达130万,在社会培训机构参加汉语培训的接近20万;日本现有学习汉语的人数超过200万;美国1998年在大学学习汉语的人数为28456,2002年增至34153人,5年期间增长了20%;邻邦韩国,较固定的长期汉语学习者约30万左右,另外还有100万左右不固定的短期汉语学习者(宁继鸣,2006)。

目前作为语言经济学研究的新兴话题,语言产业的研究在国内开展起来。我们认为语言产业的研究属于宏观研究。目前学界主要就语言产业的概念展开论述,如黄少安、苏剑、张卫国(2012a,2012b),也有相关的语言产业案例研究,如贺宏志、陈鹏(2012),但是针对语言产业的统计口径还没有统一,相关语言产业的数据

---

[1] http://baike.baidu.com/view/534060.htm.
[2] 百度数据中心:2008年百度风云榜语言培训行业报告(http://data.baidu.com)。

库还没有跟踪建立,这在一定程度上制约了语言产业研究的深度与广度。语言产业应该是适应语言需求而建立的。因此对语言需求的调研数据的深度与广度决定了语言产业研究的程度。此外,语言产业可以为国民带来语言红利,英语国家已经凭借世界上各民族国家对英语的需求建立了强大的产业(英语托福和 GRE 考试及培训),不断地为本国赚取大量的语言红利。相比较而言,汉语言产业发展缓慢。我们认为,通过开发学习汉语的科技软件,降低学习汉语的难度,可能有效地促进汉语产业的发展,高效地推动汉语国际推广,促进汉语的国内外需求。

总之,研究语言的供给和需求是语言经济学的重要任务。目前学界对于此项研究尚属起步阶段。本书也只是给了语言供给和需求的定义和研究方向。随着我们调研的深入与数据的获得,能够为语言供给与需求构建严谨的理论模型、计量实证以及可操作性的政策安排。

第三节 语言通用度及其影响因素

一种语言的通用度,与使用该语言的民族数量和人口数量密切相关。民族数量和人口数量都是重要指标,但是二者有差异,该赋予二者不同的权重,民族数量应该有更大的权重(黄少安、苏剑,2011)。一个民族人口众多,占全世界人口很大比重,例如,中国和印度,但是使用他们民族语言在世界上的通用度不应该等于其人口所占的比例。一个国家或民族的经济实力无疑是该国家或民族语言的影响力的重要决定因素,经济的强势很大程度上(到底多大

第五章 语言政策和语言规划:经济学的视角

程度,我们可以测算)决定或者有助于相应语言的强势。但是这种作用不是绝对的和一一对应的。语言的强势与语言的通用程度是相关联却不相等的。一个国家或民族的母语,会因为该国家或民族在其历史上的某一个或几个阶段的经济强势而备受尊重,其他国家或民族也会为了经济文化的交流而努力学习它,我们认为该语言处于强势地位,但是不一定会成为更多国家或民族长期熟练使用即通用的语言。例如,20世纪70年代以来的日语和历史上很长时期的汉语。一种语言,不仅发明创造该语言的国家或民族长期使用它,而且,其他国家和民族(无论经济实力强弱)尤其不是该语系的国家或民族也逐步地普遍使用。我们认为这种语言是通用语言或通用度高的语言,例如,英语。也许其他国家或民族开始学习使用这种语言时,是因为它是强势语言,但是能够长期接受和普遍使用甚至取代原来的母语,特别是在创造这种语言的国家,经济相对衰落以后,其语言仍然被通用,肯定不是由经济强势决定的,而是由该语言本身的因素决定的。语言本身什么因素决定语言的通用程度呢?一是语言的信息容量,包括"能指"的大量性和"所指"的准确性;二是语言的可学习性或学习的难易程度,也就是学习成本的高低。语言要尽量容易被掌握——包括易说、易写、易听、易懂,才可能被通用。难写、难说、难听、难懂的语言,即使内容丰富、形式优美,也很难通用。即使以此种语言为母语的国家在某些阶段处于经济强势,别的国家或民族出于经济利益不得不学习和使用它,但是学习和使用不可持续,只要该国不再强大,别的国家和民族就不再学习和使用。即使别的国家或民族想长期学习和使用,也是要经过改造和简化,例如日本在学习汉语的基础上创造的日文。而有些语言则不同。

怎样看待一个国家或民族的语言消亡或被推广、被通用？从某种意义上说，人类与其他动物一样，都有一种扩大和延续自己种群的本能。不同民族的语言实际上是该民族存在的表征之一，因而每一个民族都希望保持和扩大本民族语言的存在空间，这是可以理解的。当然，人类不仅仅是动物，行为已经主要不是靠本能驱使，更多地是受理性支配。语言是在竞争中发展的，不同国家和民族会根据需要不断对使用何种语言进行选择，或者对语言进行改造和创新。一个国家或民族经济文化强大，其语言也强势，但是其语言不一定通用度高；一个国家或民族使用了通用度高的语言，也不一定就是强国；一个国家即使放弃或者部分放弃使用本民族语言，或者民族语言与世界通用语言并用，也不说明该国家就不强大或不能强大，甚至在文化符号意义上保护民族语言的同时使用统一语言是有助于民族强大的。实际上，对于一个国家或民族而言，使用何种语言有助于其强大就可以使用何种语言。只要经济上强大，人民富裕，文化就能繁荣。民族语言只是一个民族的表征之一，不是全部。当然，从文化符号的意义上要努力保护和光大民族的语言文化，这种作为是需要经济实力的，也与选择通用度高的语言不矛盾。

因此，一些国家或民族，尤其是弱小国家和民族，面对强势语言或国际通用语言的扩展，在某些特定阶段、从一定意义上提出了所谓的"母语安全"问题，是有道理、有必要和可以理解的。但是没有必要把"母语安全"问题看得过于严重。经济发展和经济安全应该比"母语安全"更重要。

第四节 少数民族语言保护

语言规划的一个主要目标是少数民族语言的保护。根据联合国教科文组织的统计,迄今为止世界上约有6909种语言,全世界94%的人口只说世界上6%的语言,94%的语言只有10万余人来使用。从这些数据可以看出,世界上的语言种类会逐渐减少。因此少数民族语言的保护既是一个理论问题,也是实践中必须重视和尽力解决的问题。

一、语言演化规律与少数民族语言保护的内在矛盾

前面已经揭示:从经济学的视角,语言演变的总体趋势是语种数量递减,作为信息载体和传播工具的语言趋同、趋简;语言的基本功能可以归纳为信息载体和传播工具以及文化符号;语言的文化符号功能与信息载体功能有分野的趋势。当然,两种功能分野并不意味着二者对立。对于许多通用度低的少数民族语言,实际上是其信息功能弱化,逐步地仅存文化符号功能,而且文化符号功能也会递减。而信息功能强的语言,在很大程度上也传播了本民族的文化,强化了该语言的文化意义。例如,英语作为全球的通用语言,其文化也在世界范围内流行传播。这些变化不仅与人口流动、地理环境以及社会经济发展有关,而且与语言本身的特点相联系。

其实,语言的演化与少数民族语言保护是存在一定矛盾的。

作为信息载体的语言趋同、趋简是语言演变的客观规律,是不

以人的意志转移的。经济发展要求交易成本节约，客观上就需要相对简便、容易沟通的语言作为沟通的工具和信息载体。语言这一演变规律与人们的主观需求是一致的，没有矛盾：首先，从微观个体来说，理性人为追求效用最大化，往往去学习那些通用语言。选择该种语言，可以增加人力资本量，提高就业水平，获得较高预期收益。英语作为世界最流行的语言，是三十多个国家的通用语言，为十亿人所使用，正是因为如此。相反，一些人不愿意去学习少数民族语言，也是基于收益与成本的考量。比如，澳大利亚土著查尔里孟克达是目前唯一会说当地土著语"阿莫瑞达格语"的人。在当地基金会赞助下，他招两名学徒，其中一人就由于该种文字复杂难懂，学习成本较高而选择退学。其次，就整个国家的语言规划而言，为了经济繁荣、多民族融合，以求实现社会福利最大化，都需要信息量大且容易学习的语言作为官方语言，这一主观需求符合语言演变的客观规律。历史上每一次语言文字改革都是由繁到简，秦始皇的"书同文"实现了多民族的统一，提高了国家管理的效率。新中国成立初期实行的"简化字"政策，降低了文盲率，也助推了社会经济发展。

矛盾发生在作为文化符号的语言方面：人们的主观需求与客观趋势（规律）的矛盾。作为文化符号的语言，与信息意义的语言的演变方向有很大差异，甚至相反，呈现多元化，是求异的。但是，很多少数民族语言濒危或者逐渐消亡，客观上也是趋同的，这是语言的客观趋势，其内在的机制仍然是交易成本的节约。因此，作为文化符号的语言，其演变路径就存在着矛盾：第一，主观需求与客观趋势的不一致。从人的主观动机来讲，不同族群的人追求族群的独特性及同一民族内的归属感,力求保持语言的多样化。比如,少数民族人既希望使用汉语,又希望懂得本民族语言,都是保持本民族或区域的独特文化主观需求。从国家的语言政策来看,一般的语言法律都是在强调使用官方语言的前提下,尊重少数民族语言使用的权利,目的在于传承本国丰富多彩的文化。显然,这些主观动机与少数民族语言种类减少甚至消亡的趋势是矛盾的。第二,主观需求的主动性与客观趋势的被动接受性。追求语言多样性,是个人与国家的主动行为,是不同民族保留其民族语言的一种愿望,然而,这种愿望的实现可能遇到困难,必须看到和承认少数民族语言不断消亡、越来越多的年轻一代使用通用语言这一基本事实。

二、"保护少数民族语言":在积极、有意识保护与不抗拒语言演变规律之间寻求平衡

整个人类语言演化总体规律具有不可抗拒性。只有在承认与接受这个规律的前提下,才可能制定正确的语言政策。过度强调少数民族学习和使用民族语言,可能不利于少数民族的发展,但是,对少数民族语言消亡也不能无动于衷,消极的语言政策也不利于多元文化的发展。从经济学的角度来看,有可能构建关于语言信息价值和文化价值的效用总函数,并在行使这两种功能的时间以及其他语言学习成本的约束下,寻找降低交易成本与文化传承的均衡点,为化解少数民族语言保护与语言演变规律之间的矛盾提供理论基础。

语言多样化和人类文明多样性的意义与适度保护的重要性毋

庸置疑。首先,语言与文化密切相连,任何语言都有相应的文化根基,没有"超文化"的语言。保持语言的多样性,本质上就是传承不同的文化。其次,保持语言多样化,就保持了文化的多样性。第三,语言多样性是维持语言生态平衡的重要因素,可以避免语言沙文主义。

三、少数民族语言保护策略:交易成本节约与语言多样化需求矛盾的化解

应该在降低交易成本与维持语言生态平衡及传承文化之间寻找平衡点。应该做以下工作:第一,政府引导、支持与民族自愿选择结合起来。第二,要把少数民族语言保护、使用与经济发展、居民实惠结合起来,把语言文化变成产业、服务性产品,让相应的民族从经济利益上倾向于使用其民族语言。第三,利用现代技术构建有形、有色、有声的语言博物馆,把濒危语言的"听说读写"全部收录到该博物馆,形成语言档案,一方面可以服务学术研究,另一方面也保存了各种文明。不仅对濒危语言存档,还应该把通用语言的"听说读写"存档,以便学者们更好地比较两种语言的语音、词汇、语法的区别,研究濒危语言消亡的原因,也能使人们更好地参观语言世界,享受不同文化的魅力。

四、少数民族语言保护与语言保护:理论争鸣

其实,针对语言演变趋势与小语种保护,是否保护和如何保护,学者们都有研究,有些观点并不一致。以下综述,可供参考。

语言趋同与语言保护是两个紧密联系的话题,其焦点问题在

于,是节约交易成本,还是保持文化传承,或是在两者之间找到均衡的解决路径。经济学者对以上问题做了较为广泛的研究。

　　Walter McManus 等人(1983)认为,在美国,英语能力强的西班牙人要比英语能力弱的西班牙人失业率低,工资水平高,这就吸引了许多西班牙人放弃对本民族语言的学习,转而学习英语。Michael Reksulak 等人(2004)从经济学的视角研究了经济发展与英语单词增长或者废弃之间的关系。Church 和 King(1993)探讨了双语与网络外部性的问题。他们认为语言具有网络外部性,随着对某种语言学习人数的增多,选择此种语言就会获得更大的收益,从而得出一国的语言政策往往会偏向通用语言,即政府一般对说大语种语言的人进行补贴,其最后结论也证明小语种语言将被大语种语言吸收同化,小语种语言趋向消亡,语言终将趋同。德·斯旺(De Swaan,2003)建立了一个语言 Q 值模型。语言 Q 值指明了人们在进入一社区时,应该首先选择何种语言作为自己的第二语言,以获得最大的交际价值。人们进入某一社区学习某种语言会增加这种语言的 Q 值,而 Q 值的增大又会吸引更多的个人选择此种语言,所以语言 Q 值模型具有较强的政策含义。一般说来,一个语言社团会乐意资助他人学习该语言,因为新使用者的加入会提高该语言的 Q 值,所有成员会从中获利。以色列以及欧盟国家(如荷兰)会对新移民的语言培训课程提供资助。同理,英、法、美、德等国,也对海外学习其语言的项目提供资助,如美国、英国实施全额奖学金资助计划,间接补助了留学生学习英语。中国也派出很多志愿者去世界各大洲辅助学习汉语,实际上也是对学习汉语的一种补贴。孔子学院的推广亦是这个道理,在实施过程中采取了国家补贴的形式。人们纷纷学习 Q 值较高的语种，扩大了高 Q 值语言的流行范围，却带来了 Q 值较低语种的收缩以至于消亡。Q 值较小的语种因为其交际价值的逐渐降低，终致消亡，语言终会趋同。遗憾的是斯旺没有深入探讨小语种语言的存在问题，对小语种语言的保护措施也没有提出可行性的建议。拉齐尔（Edward Lazear,1999）先从一个简单的基准模型入手，假设存在两种语言：A 和 B，p_a 代表说 A 语言的人口比例，p_b 代表说 B 语言的人口比例。大语种语言假定为 A，即 $p_a > p_b$，而每个人在遇到他人时，只有说同一种语言，才可以进行交易，且所得的收益设定为单位 1。这样 A 语言社区和 B 语言社区的收益可以用下式近似表达为：$R_a = p_a$，$R_b = p_b$。拉齐尔假设存在双语者，即 $p_a + p_b > 1$，这就出现了矛盾。因为存在双语者，那么 A 语言社区个人所获得的收益不再是 p_a，这是由于 A 语言社区的人可以通过双语者与 B 语言社区的人进行交易。为了避免这种现象的发生，应该排除社区之内存在着双语者的可能。假设 $p_a > p_b$，理所当然的 $R_a > R_b$，说明会说大语种语言的人的收益要大于小语种语言的人。潜在的经济学意义尤为明显：当一个社区非常小时，那么社区之内的人为了获得更大的收益，与更多的人进行交流，他们不得不学习大语种语言。假设当 B 社区之内只有一人时，那么此人为了交易的成功，不得不去学习 A 语言。这也说明当一个社区人数非常少时，那么他的语言终究要为大语种语言所吸收同化。拉齐尔基准模型的经济学意义与切齐模型的结论是一致的。他们认为小语种的社区之内，人们为了获得更大的收益，会不断学习大语种语言，即小语种语言很可能被大语种语言同化。这些结论的假设前

第五章 语言政策和语言规划:经济学的视角

提很强,即存在着两种语言,显然大大降低了对现实的解释力。有些国家往往存在着多种语言,比如印度、印度尼西亚以及非洲的一些国家。在拉齐尔的扩展模型中对以上模型进行了扩展。当存在多个势均力敌的语言社区,人们不愿意学习任何一种社区的语言。人们如何完成交易?拉齐尔模型认为应选择通用语言。这一结论与印度、印尼以及非洲的一些国家语言情境相符。印度存在着多种语言,不同语言林立,印度官方选择了印地语和英语作为通用语言,印度尼西亚选择了马来语作为通用语言,非洲许多国家往往选择了殖民语言,或者英语或者法语作为通用语言。

面对"语言趋同,小语种语言没有保护的可能"的结论,格林在新古典经济学的分析框架内,强调了语言态度(language attitude)(可理解对某种语言的偏好)对语言保护的重要性。他认为小语种语言应该保护,其主要原因是民族情感或者一些政治原因,或者让小语种语言去承担学习大语种语言的成本,适应大语种语言,是不公平的。格林就如何保护濒危语言做出了明确的解答,其模型核心思想的数学表达是 $g/h<m<1$[①]。格林强调两点:第一,语言态度的重要性。格林用 g/h 来表示语言态度。语言态度越强,则小语种语言的生命力越强。培养较强的小语种语言态度,增强人们对小语种语言的自信,则非常有利于保护小语种语言。第二,m 代表使用小语种语言的人数比例,它也影响了小语种语言的存亡,但是用小语种语言的人数并不能单独对小语种语言的存亡起决定

---

① 语言学家一般把 g/h 称之为语言态度,g、h 分别代表双语社会,说小语种语言和大语种语言为个人带来的效用弹性,可参见 Grin, F. (1992) Towards a threshold theory of minority language survival. *Kyklos* 45,69-97。

作用。政府要通过调整人们的语言态度,才能对小语种语言实行有效的保护;换句话讲,如果小语种语言态度较弱,即使说小语种语言的人数很多,那么小语种语言也得不到有效的保护。

通过以上梳理,我们可以总结如下:语言 Q 值模型认为 Q 值较低的语言趋于消亡,但是现实中 Q 值较低的语言往往在一定时期内保持稳定性,就是因为学习 Q 值较高的语言也面临着成本。切齐模型揭示了小语种语言在一定时期的稳定性,但也认为小语种语言会被大语种语言吸收同化。拉齐尔模型在切齐理论的基础上,一方面认为使用小语种语言的人由于收益的低下,终究会学习大语种语言,另一方面当存在多个势均力敌的语言人群时,通用语言的选择是极其重要的,然而选择何种语言为通用语言也会面临困难。格林模型认为小语种语言值得保护,也提出小语种语言保护的制度安排,认为提高小语种语言态度是保护小语种语言的关键之举。另外,联合国教科文组织极力主张保护小语种语言。他们对小语种语言的种类和某种语言所说人数绘制了语言地图,让更多的人意识到保护小语种语言的必要性。此外 1999 年 11 月,联合国教科文组织的一般性大会宣布:从 2000 年起,每年的 2 月 21 日为国际母语日。设立国际母语日,旨在促进语言和文化的多样性以及多语种化。2007 年 5 月 16 日,第 61 届联合国大会以协商一致的方式通过一项决议,宣布 2008 年为国际语言年,希望透过多种语言和多元文化的多样性来统一国际认识与团结。语言学家往往支持对少数民族语言保护,他们认为保护少数民族语言是理所当然的,已经有专门的学科来研究少数民族语言保护对策,甚至不少地方通过建立了少数民族语言有声数据库来抢救濒危语言。

第六章 语用与博弈

语言与经济的关系,不仅仅包括语言与经济行为和绩效的关系,还包括语言(问题)与经济理论及方法之间的关系等,特别地,从语言的角度看经济理论也是一个相关的研究主题(Rubinstein, 2000)。随着各种交叉学科的兴起和经济科学自身的发展,经济学思想、理论及方法和语言之间的相关性也凸现出来。20世纪90年代起,在主流经济学中一些经济学家也已经陆续地关注起语言问题,从不同角度切入到语言及其相关问题的经济学分析上来。此类研究拓宽了传统语言经济学的边界,把语言与经济学间的联系提升至一个全新的理论高度(张卫国,2011a)。

第一节 语言、意义与博弈

长期以来,对语言的语义、语用、结构等问题的分析,是语言学的任务,而近年来以鲁宾斯坦为代表的一批学者一改语言学的传统分析方式和风格,在研究方法上,大胆地尝试主流经济学的博弈论模型,来探究语言的性质、形成机制和演化等,以解释自然语言的特征是怎样与某种"理性"函数的最优化相一致的。从某种意义上说,鲁宾斯坦等人为语言经济学开拓新的研究领域做了有益的尝试。

在鲁宾斯坦(1996,2000)之前,博弈论的相关讨论已经涉及语言与意义等方面内容,只不过没有人像鲁宾斯坦那样正式地提出这一话题。早在 Schelling(1960)提出聚点均衡时,人们开始注意到当博弈存在多重纳什均衡时,特别是在协调博弈中,事前不花成本的廉价磋商(cheap talk)是解决纳什均衡多重性的一种方法。事前交流使用的工具或手段无疑是语言,因而对廉价磋商的讨论是语言与意义博弈分析的雏形。但主流的廉价磋商研究是在博弈论纯理论框架内进行的,重点在于讨论它的廉价性(无成本无约束)和磋商性(直截了当地清晰交谈,即无中介、无信任成本且支付不相关),以及廉价磋商能否使博弈真正地达到唯一纳什均衡(详见 Aumann & Hart,2003 等)。换句话说,在上述文献所讨论的廉价磋商过程中,局中人所使用的语言(发送的消息或信号)都被赋予了先验的意义,即假定语言是无偏的、一一对等的且不存在欺诈性。鲁宾斯坦(1996,2000)却发现,只有一些二元关系特性是自然语言中所共有的,而且自然语言中的二元关系的某些功能,更能为满足这些特性的关系所实现。为什么自然语言中大量存在着线序关系?这些好像符合经济学最优化法则的安排是不是巧合呢?鲁宾斯坦运用几个数理逻辑法则,得出这样的结论:在三个固有前提(友善指示性、信息性、可描述的简易性)的二元关系下,线序是最有效的。换句话说,人的语言或思维结构中实际存在着某种线序最优的二元关系,即"当且仅当一个二元关系是线序时,它可以让(语言的)使用者能够指出全集的任意子集中的任意元素。在标示每一个子集的每一元素上,线序是最有效的二元关系"

(Rubinstein,2000)。随后在讨论自然语言是如何有了确定意义时,鲁宾斯坦(2000)为其赋予了演化的力量:语言被认为是一种行为现象,而且,如果它不能服务于人们的需求,演化力量将会发生作用,以改进其功能,造成一个"好"均衡的出现,使得信息得到传递和利用,也就是说,任何词语的特定含义均是通过某种语言演化的最优化过程而形成的演化均衡而确定的。尽管这一结论推理存在着这样或那样的问题[1],鲁宾斯坦的原创性研究打破了人们传统的思维定式,给语言经济学乃至语言学研究都提供了有趣的观点和新的研究方向。

除了鲁宾斯坦(1996,2000)的研究,和他类似,Blume(2000)正式将语言形式化,认为语言是有限事物集等级的一个集合(a set of rankings of a finite set of objects),探究了效率如何促进了语言结构的使用。Blume首先假定语言的首要特性之一是创造力,即提供了在新奇环境下表达新奇事物的手段,进而他认为在丰富且多变的环境下,语言是不完整的,这就助长了对结构的依赖。Blume分析了具有创造力的语言的使用是如何从共同知识结构中产生的,即使那些结构和以往的语言并不一致。这种观点与鲁宾斯坦(2000)的讨论——存在着演化力量,使二元关系功能上为"最优"的那些结构更易于在自然语言中被观察到——是相近的。不

---

[1] 单凭建模的演化力量不足以赋予词语以意义。鲁宾斯坦(2000)也注意到了这一点。他引出了三种批判观点,希望能得到广泛的讨论。第一,生物能力能否与建模的演化力量一致还没有得到生物学证据或者直觉性证据的证明;第二,他所分析的情形还不够普遍化;第三,用演化力量来解释自然语言中术语的出现,不仅需要解释人类语言的存在,还要解释动物之间语言的不存在。

过也有人反其道而行之。与鲁宾斯坦等人相反,Lipman(2009)利用标准的信号传递博弈模型分析了语言的含糊其词问题,他认为语言的模糊性存在着某种次优,特别地,如果说话者不知道听者使用传递来的信息的所有可能语境,含糊其词就是最佳的;语言的这种模糊现象源于人们的有限理性。De Jaegher(2003)则给出了语义模糊的博弈逻辑,认为适当的含糊有助于解决博弈双方的利益冲突。

第二节　语用中的策略

语用学研究的是语境对话语解释的影响,而非语义上的。其中,Grice(1989)的会话合作原则具有重要地位,其理论核心概念是会话涵指,本质上是对经济人对自己所认为的他人思考方式的描述。这正是策略推理的定义,也是博弈论的本质(Rubinstein,2000)。因而在鲁宾斯坦等人看来,语用学其实是在研究一种规则,这些规则决定着人们如何来解释交谈中的话语(Glazer & Rubinstein,2006)。一个话语被视作一个信号,它在语境中传递信息。语境包括说者、听者、时间、地点等。听者如何看待说话者的意图以及说话者如何看待听者的预设条件,与对话语的理解有关。因此,从博弈论的角度,话语被共同理解的任一理解方式,可以被认为是一种语言的说话者之间博弈均衡的结果(Rubinstein,2000)。Parikh(1991)最早将博弈论和 Grice 合作原则相结合,并发展了博弈语用学这门新兴语用学分支学科。博弈语用学主要研究交际中语言策略的优化问题。关于交际中的策略优化,经济学或博弈论文献中较早的相关研究有 Milgrom 和 Roberts(1986)、Shin(1994)等,但他们的主要出发点仍然是博弈理论而非语用学的。这是语言学和经济学文献之间的一个分歧。语言学文献关注博弈论在语用学中的应用,试图用博弈论来解释或指导语用现象;而经济学文献更倾向于研究或解释博弈策略本身。

鲁宾斯坦(2000)、Glazer 和 Rubinstein(2001,2004,2006)尝试在二者间做出调和,出发点是辩论中的语用逻辑解释。鲁宾斯坦发现,Grice 理论并不适用于辩论。辩论往往是指这样一种情形,即在一些问题上持有不同意见的两方进行争论,任一方都通过例举对自己有利的论据试图说服第三方(听者)支持他们的观点或立场(Rubinstein,2000;Glazer & Rubinstein,2006),也就是说,辩论具有着兴趣冲突的特征。而 Grice 的会话逻辑是基于合作原则的,基于交谈双方对谈及事物有共同的兴趣。这就引申出一个重要命题,即陈述作为论据在辩论中的意义和在普通会话中不同。证据力相等的论据通常由于辩手的策略不同,导致其力度变化,使得听众做出错误的判断。因此,听众如何优化策略以最大程度地降低因辩手的举证策略造成做出错误判断的概率(Glazer & Rubinstein,2006),是博弈语用学所忽视的,这也正是 Glazer 和 Rubinstein 近年来一系列研究所关注的。鲁宾斯坦(2000)正式地将辩论定义到博弈模型中,将辩论视为一种机制,它被设计来从辩论者那里提取信息。研究表明,任一最佳辩论过程都是序贯博弈,而且存在着一个非对称的对待局中人的说服原则(Rubinstein,2000;Glazer & Rubinstein,2001,2006),在序贯辩论中还存在着一个最优机制,即存在着说者的一个最优策略引诱出听者的信念,让听者知道遵循这个机制是最优的(Glazer & Rubinstein,2004)。大体上看,目前涉及辩论语用策略的博弈论研究主要体现在两类问题上:一是甲方试图说服乙方采取某种行动或接受甲方的立场,即辩论者相互影响,而非影响第三方(Glazer & Rubinstein,2004,2006);二是甲乙双方试图影响第三方行动而进行的辩论或廉价磋商(Rubinstein,2000;Glazer & Rubinstein,2001;Spector,2000 等)。

鲁宾斯坦等人关于辩论语用策略的研究在语言学和经济学中都具有理论增量。在语言学文献中,它们属于博弈语用学的范畴。语用规则决定了交谈参与者间的博弈。抛开语用规则的产生过程,将这些规则与理性的谈话人为追求谈话中的效用最大化所选择的规则进行对比本身就是有趣的(Glazer & Rubinstein,2006)。在经济学文献中,它们则有助于人们更深层地理解信号传递博弈以及委托代理模型中信息发送和接受的机制。

透过语言经济学研究的新发展,我们可以看出,一个具有广阔研究前景的方向是博弈论在语言问题中的应用。原因很简单:博弈论是有效沟通经济学与语言学(特别是语用学)的一道桥梁。语用学研究的是语境对话语解释的影响,而博弈论"解"的概念最适合于稳定的、具有大量局中人"参与"的现实环境。在用以解释语言现象时,博弈论工具可能最为有效(Rubinstein,2000)。博弈论的许多研究成果都可以直接运用到语用学研究中。例如,前向归纳、支付优势、风险优势和同情等博弈因素可以很好地阐明诸如关联、反语、委婉、暗指和意会等语用现象(Sally,2003)。一些语用学家也开始关注博弈论的研究。例如,Benz 等人(2005)集中探讨了语用学的博弈——决策理论分析,充分展示了这种方法能为语言运用的共时、历时研究提供坚实的理论基础。Jager(2008)更是尝试了语用学问题与经济学问题的互动,他讨论了语言学传统所忽视的交谈中的理性,以及理性的交谈人如何使用作为共同知识的外生信号进行交流。总之,博弈论研究的是在互动中个人策略如何受他人策略的影响并影响他人行动策略的选择,博弈双方的最终支付取决于局中人是否选择了最佳行动策略。而语用交际也是一种互动的策略行为,所以语用交际过程完全可以通过博弈建模加以分析,这正是博弈论和语用学相互沟通与结合的一个基本点(张卫国,2011a)。可以说,在这一点上,博弈论正进入一个有趣的新领域,人们将很快见证其令人激动的发展(Rubinstein,2000)。

第七章 经济学语言的修辞

经济学的研究和表达是需要语言的,经济学知识的储存、编码和传承,也是需要语言的。任何学科的语言使用都应该遵循语言节约原则,以节约为价值取向的经济科学,其语言的使用更应该遵循经济学的基本原则。数学在经济学中运用,也许既有语言意义上的,也有方法意义上的。

第一节 关于数学应用于经济学的争论

曾几何时,经济学的语言经历了一个转变。自从边际革命以来,数理分析不断地叩击着经济学的大门,试图在其中能拥有一席之地,但在20世纪30年代以前,一直收效甚微。而随着形式主义数学的兴起和实证主义科学哲学在社会科学中逐渐占据了方法论的主导地位,数学真正开始在经济学领域攻城略地,掀起了经济学数学形式主义的高潮,目前西方主流经济学在很大程度上已经被改造成了一门无视经济现实的"数学科学"(贾根良、徐尚,2005)。布劳格(Mark Blaug,1998)曾指出,经济学家已经把经济学变为一门使用"价格""市场""商品"之类名词的社会数学。这种现象也致使某些学者认为经济学最好被看作是数学的一个分支,处于纯粹公理系统和应用几何学的交界处[1](罗森伯格,2007:348)。

在经济学中,伴随着数学这一工具的使用,对其所做贡献的讨论由来已久,特别是20世纪30—60年代,由于数学形式的经济文献的数量迅猛增长以及经济学中新引进的各种数学概念和理论,西方经济学界对数学在经济学中的作用展开了一轮活跃的讨论。此后,零散的讨论一直都没有间断过。无独有偶,虽然经济学在中国起步较晚,但自20世纪80年代中期开始引进西方经济学以来,通过借鉴西方经济学的教育与培养模式,数学在国内经济学论文中的使用也呈直线上升之势。这也许是现代经济学发展过程中的一个必由之路。目前,就不同代际间经济学人所认同的方法论的接触与碰撞而言,和国外70多年前的情况大体相当。然而,国内数学形式的经济文献激增数量之大,范围之广,几乎达到了不分鱼目和珍珠的程度,因此国内学界就这一现象的讨论也初见于报端。

数学被大量地应用到经济学中,这不仅是经济学研究方法的转变,同时从另一个角度来说,这种方法的改变导致了经济学语言的转变。对于普通人来讲,数学语言远比文字语言晦涩难懂。面对着一些人对经济学数学化的批评与忠告,为什么还有人漠然视之,极力推崇经济学中数学的使用?数学语言能否担负起经济学语言的全部责任?经济学使用何种形式的语言与公众交流,是一

---

[1] 罗森伯格解释道,如果我们放弃这种观念,即经济学是或应当是关于人类行为的经验科学,那么围绕经济学理论实际进展的很多谜题——它的形式化的转换、与经验判断的隔绝、致力于证明纯粹形式的、抽象的可能性的兴趣、一个世纪以来一成不变的特色、关于它的认知地位的争议等——都能被理解和得到适当的重视。

个方法论问题,还是一个修辞问题?事实上,关于数学在经济学中使用的争论,其焦点并不完全在数学本身。实质上,它体现了不同人对于科学(包括经济学)的目标与方法的不同认识与理解,这无疑是一个方法论问题。此外,经济学语言的数学化,也是一个语言层面的问题。因此,关于数学在经济学中的使用,也是语言经济学关注的话题之一。

第二节 数学是方法,还是语言

一、一元论,还是多元论

就数学的使用上,经济学界存在着一元论的倾向。因为"现在数学的影响是如此的根深蒂固,以至于在许多人看来,任何以数学表述的思想都必然是正确的,同时要使事物是正确的、可靠的和富于洞察力的或科学的(或至少是给予科学地位的),它们就必须用数学表述"(Lawson,2003:249)。杰文斯(William S. Jevons)就曾主张,经济学一定是数学的,只因为它论及数量。他强调:"只要经济写作是科学的,它们就必须使用数学。因为它们论及经济运行的量以及这些数量间的关系……无论所论及的事物是多,还是少,它们之间的关系和法则在本质上一定是数学的。供需法则讨论的完全是商品的数量问题,表达的是与价格有关的量的变化"(转引自 Ida Bell Shaw,1933)。杰文斯不仅从量的观念上判断经济学必须使用数学,而不是其他的研究方法,甚至还抱怨他同时代的经济学家虽然在研究以数学特征为核心的所有量以及这些数量间的关系,而所使用的语言却不断地背离其推理的数量特征,即报怨他们没有使用数学来从事经济学研究。与杰文斯对量的判断不同,Henry Moore 则认为经济事实间的相互依赖性促使经济研究中必须使用数学分析。他(Henry L. Moore,1929:2)指出,"在处于变化的社会中,对于经济问题全面论述,必须认识到所有类型经济变化的相互依赖性,通向理性预测和调控的唯一的方法与数学的特征相符"。戈森(Hermann Gossen)也曾坚持,数学方法是唯一正确的方法,必须(在经济学中)加以全面地贯彻(转引自 Ida Bell Shaw,1933)。

或许杰文斯等人最初对经济学中使用数学的推崇并不带有一定的功利性,只是抱着对科学求真的态度,但经济学发展到今天,一部分人对数学的使用却走向了极端。他们认为没有数学的经济学不能称其为经济学,仿佛数学成了经济学作为一门学科的充分条件;认为没有数学模型经济理论不能称其为理论;认为经济学论著中数学运用的越高深,模型越复杂,越体现论著的高水平、高质量,仿佛数学水平的高低成了衡量经济学水平高低的一个标准。我们赞成在经济研究中运用数学,尤其是在那些与经济运行量及其相互间关系密切相关的研究中,但是数学不是唯一的研究方法。数学本身没有错,但使用数学的经济学家正在犯错。这种过分强调数学一元论的主张最终只能导致经济学中数学的滥用或伪数学的滋生。埃德蒙·马兰沃(2002)曾指出,"目前,在国际经济学界发表的论著中,数学模型的滥用导致了研究质量的下降"。里昂惕夫(Wassily Leontief,1982)批评说:"一页页专业的经济报刊充斥着数学公式,诱使读者从一组或多或少似乎有理由但任意的假定得出精确的、用数字表示、但又不符合实际的理论结论。"这似乎与西方的那句格言——"数字没有说谎,但说谎者在使用数字"——有相似之处。布劳格(Blaug,Mark,1998)也评价道:"当你读一篇运用这些名词的论文时,文中涉及的所有关系都是数学关系;所有的结论都是在数学上得出的;但对于这些数学变量、概念、函数关系是否与对现实世界的观察相吻合却并不加以考虑。"

相反,对于数学在经济学中的使用,20世纪初马歇尔(Alfred Marshall)等人就提出过忠告。不像杰文斯,马歇尔使数学处于次要地位,甚至在某些特别适用数学的情形中,仍尽量避免在写作普通经济学大众读物中使用数学。根据庇古(Arthur C. Pigou, 1953),马歇尔并不信任数理经济学,因为真实生活中的变量如此之多、如此相关,用数学语言来表述它们的任何尝试都将使问题极其复杂,而为了使问题可控而采取的省略都将产生不真实的解释。例如,马歇尔认为,经济学研究的人并不是抽象的经济人(不能将人视为不变的常量),而是具有感情、本能和习惯的现实生活中的人[①]。1906年,马歇尔写道:"我日益感觉到……处理经济学假说的优秀数学理论很可能不是优秀的经济学。"(转引自Samuelson, 1954:380-386)他说:"现在,这样的(数理)经济学被运用地过度了。"和马歇尔一样,梅纳德·凯恩斯(John Maynard Keynes)也认

[①] 这一点,凡勃伦(T. Veblen)走得更远,他对经济人这一概念给予了最强烈的讥讽。参见凡勃伦 *The Theory of The Leisure Class* (New York: Vanguard, 1899)、*The Place of Science in Modern Civilization and other Essays* (New York: Heubsch, 1919), p. 193.

为经济学中的数理分析被过度使用了①,他(1933:191)说:

> 经济学的数理分析经常有一种超常的魔力,对那些之前没经历过数学技巧的训练就走近这一学科的学生有着极强的影响力。它们如此的简单,以致几乎任何人都能掌握,然而它们使一小部分学生沉浸于纯粹形式构建的喜悦之中。他们手中满是操作娴熟的玩具砖头,连摩天大楼式的建筑都没来得及去瞥一眼,就沉醉于精心地装补现代数学的丰碑。

事实上,从方法论的层次性上看,数学方法和心理分析、案例分析、比较分析等一样属于第三层次的方法论②,是经济学的技术方法,即为了使经济学理论精确化、趋于完善,而对特定研究对象所采用的技术性的具体方法。诚然,形式化在经济学中发挥了重要作用,数学在逻辑方面的错误几乎为零,但这并不意味着数学永远都不会犯错误。真正的大错误往往出现在前提假设的公式化阶段。逻辑并不能防止伪假设、曲解事实或者不相关假说的公式化的问题出现。因此,这种形式化对于经济学不是最根本的要素,作用也不是最重要的,它只是使分析变得有条理的一种可能的工具,必须与其他方法结合起来才能使用。对于一些问题,形式化的抽

---

① 事实上,凯恩斯深知数学对经济学做出的贡献,而且他的数学水平在高等学府中是享有盛誉的。据说只有当他发现他没能与顶级数学家在最高水平上同台竞技时,他才抛弃了数学。

② 关于经济学方法论的层次性,参见黄少安《产权经济学导论》,经济科学出版社,2004年版,第9—11页。

象分析是令人满意的,而对另一些问题,案例分析或历史分析等方法可能更适用。有些经济学家似乎并不考虑这一点,将本来可以用通俗易懂的语言说明的问题,故意或不故意地用一大堆复杂的数学公式表达出来,而得出的结论却是普通的经济学常识。这不能不令人怀疑这些经济学家是否带有了功利性的色彩。罗雪尔(Wilhelm F. Roscher)指出,"一些科学家(尝试)以代数公式表达经济学规律……但无疑的是,数学表达方式是处理的事实越复杂,这种表达方式的优势越会化为乌有"(转引自 Reiss, Julian, 2000)。

最关键一点,正如内维尔·凯恩斯(John Neville Keynes, 2001:173)所说,我们无法断定除数学形式之外,重要的基本经济真理不能得到详述。萨缪尔森(Paul Samuelson, 1952)则更进一步,他认为在深层次的逻辑上(抛开所有策略性的和说教式的问题)散文体文字和数学是严格一致的。一个典型的例子是,杰文斯的效用理论是数学应用于经济学最突出的成果之一,然而,没有清晰地运用图表和数学公式,门格尔(Carl Menger)实际上也已经独立地研究出了同样的理论。

二、数学是方法,还是语言

对数学在经济学中的使用的捍卫,有时被重新包装为吸引人们注意的口号,即数学是语言,一种通过将人人都明白易懂的含义转化为符号的方式来消除所有错误的语言。杰文斯说,"数学著作中的符号本质上与语言没什么不同,它们形成了我们需要表述关系的完美语言系统,它们并不构成它们所体现出的推理模式,而只

第七章 经济学语言的修辞

是易于表达和理解","经济学的数学定律是以文字表述,还是以x、y、z、p、q等普通符号来表述是一个偶然,或者只是为了方便"(转引自Ida Bell Shaw,1933)。内维尔·凯恩斯(2001:172)则补充道:"数学的特殊优点还在于,它们不仅准确和精确,而且简明和避免赘述。"库普曼(Tjalling C. Koopmans)也认为数学只是一个语言形式的问题,他(1992:187)觉得"数理"经济学与"文字"经济学正在相互靠近。它们的接近是由明确的基本前提推导出坚实思想的共同需要。当然,也有人反对数学是语言的观点。Robert Dorfman就是其中之一。在他看来,数学既不是一种语言,也不是一种数量方法,而是逻辑学的一个分支。Dorfman(1954)说:"除了符号之外,逻辑与数学应用起来是一样的。数学特殊的标志或许在于知识的含量,它积聚了某种特定形式的关系,当我们使用这些知识时,我们在从事数学。"我们认为,这是一个观察视角的问题。数学既是一种方法,也是一种语言。至于逻辑,说它是数学的一种属性应该更确切些。

在"数学是语言"这个问题上,萨缪尔森(1952)也持赞同态度。不过,他更多的是持中立态度。他认为在经济理论的表述中,基本上数学不可能比散文体文字更糟糕,同样,数学也不可能比散文体文字更优越。

从方法论的角度,数学推理在许多重要问题中具有更高的效率,在处理既定的演绎推理方面,数学符号也具有很大的便利,这些都是无可争辩的。而作为语言,数学表述的确简洁。但是既然数学是一种语言,还应该体现出语言最重要的一个功能——交际(交流)。从语言功能的角度,数学的交际功能并不强大,尤其是在与公众交流时。例如,对马歇尔而言,数学是一种简洁的语言,而非求知的引擎。萨缪尔森风趣地指出,马歇尔是在"闺房"中而非公开地使用数学来从事研究,但是他不愿也从不运用数学来交流。对于这一点,埃奇沃思(Francis Y. Edgeworth)解释道:"数学,是自然科学的通用语言。对自然科学家而言,它就像过去拉丁语对学者一样;而对许多经济学家来说,它不幸是希腊语。因此希望有广泛读者的作者将尽量在最小的、必不可少的范围内运用数学术语,理由是假设不会很多。数学在自然科学家那里常常是一种优雅的符号,对经济学家而言则必须尽量少用。"(转引自内维尔·凯恩斯,2001:176)经济学中如果过分地使用数学语言,会造成一种倾向,即"假定以数学的形式来表达这些相同的理论会创造出绝对的知识并减少对它的挑战。事实上,那些在数学上只受过有限训练的人们会经常被这些符号所吓倒,并且不敢挑战它们以免暴露他们的无知"(Novick,1954:357—358),甚至还会成为那些故弄玄虚者的牺牲品(萨缪尔森,1952)。的确,没有哪个数理经济学理论倡导者希望给人留下挥舞着超自然力量大棒的骗子形象,但是经济学的数学化加之对目前复杂的经济形势预测和理解能力之差,给公众留下的似乎只是想使用神秘、深奥的符号以令人肃然起敬,而非去交流的印象。在梅纳德·凯恩斯看来,现代经济学把大量的时间都花在了数理经济学上,挤占了那些更紧急的任务,而对思想的交流与沟通却重视得不够。这种以追求数学形式化语言为代价换取思想交流的减少,对经济学本身来说,未必是件好事。

三、数学与文字语言的转换

数学结果通常是不能理解和易于误解的吗？Dorfman(1954)认为这是一个值得注意的责备。但同时他说："一般说来，不能因牧师的错误而去攻击教堂，但……这个指责却是我所见过的因为牧师的缺点而严厉责难教堂的极少情形之一。"那么，沿着Dorfman的思路，在数学的使用上，作为"牧师"的经济学家当中至少有一部分人是存在着缺点的。如果是这样，他们似乎应该自我反省一下，在施教布道的过程中，他们是否有责任让读者明白他的立场，换句话说，经济学家是否可以尝试着把部分数学转述成文字语言。David Novick(1954)曾认为："如果那些把数学当成一种语言来使用的经济学家能够花一些额外的时间和精力把（数学形式的）经济理论以及数据转述成文字语言，这是非常有帮助的，大多数人就可以从中学习和受益。"丁伯根（Jan Tinbergen, 1954）呼吁至少假设和结论应该以非数学者易于明了的形式表达，同时尽可能地使用简单的例子，最重要的是不应该滥用数学。但是丁伯根也论证了把数学转述成非数学语言并不总是实际的[1]。

经济学家该不该将数学转述为文字语言，这确实是一个棘手的问题。一方面，这可能是一个写作风格或偏好的问题。数理经济学家需要投入大量的时间去探索、学习并评价之前没有在经济学中使用的数学理论，所以他们经常更依赖于与数学家的交流，这

---

[1] 在这一点上，他与数学与经济学知识兼具的马歇尔有分歧。马歇尔意在弃掉不能转述给非数学读者的那部分数学。

不可避免地影响着他的写作风格。库普曼(1954)就曾指出:"他们(数理经济学家)看起来受制于一种好奇的偏好……当考虑到讨论动机、实用性或不可避免地融入一些主观因素的后续目标时,(这种偏好)使问题中的逻辑毫无掩饰地凸现出来。"另一方面把公理、证明和结果转述成散文体通常会成倍地增加文章的长度,同时由数学推理转化而来的散文体形式可能会存在着不精确和不严谨的缺点。因为诸如案例分析等方法可能不具有代表性,而经济模型大体上能避免它对真实世界里许多特殊情况的疏漏,即它具有一般性(包容性)。除了节省篇幅外,作为一般性论证的特例,雅致地使用那些大家早已熟悉的数学形式,将简化对证明的理解。还有重要的一点,有时候不同语言之间没有完全对等的表达。当人们争辩有些能用文字经济学表述的东西不能用于数学公式时,却忘记了它的逆命题:有些数学表达式无法不失准确性的前提下转述成普通语言(Dorfman,1954)。对于上述问题——该与不该,似乎没有绝对的对或错,它涉及经济学家的数学修养和自身修养,或者说,这涉及经济学家的责任心。从责任的角度,经济学家首先有责任把非证明过程部分的数学转述为文字语言来与读者或公众交流。如果像梅纳德·凯恩斯那样,想把经济学变成治疗经济疾病的有用工具,更需如此。尽管不容易做到精确,转述会使人们注意到那些明显与真实世界不相符的关键性运算步骤。而只要论证是以纯数学推理形式进行的,那些与真实世界不符的含意就完全被掩盖了。其次,杜绝伪数学,否则其论文或著作的篇幅并非要比散文体论文少。必要的数学证明过程应该以由那些受过数学训练的人们更容易掌握和审查的形式表述出来。也就是说,如果使用图表或基本的数学符号和方法能与使用更高级的数学工具一样很好地表达论证过程,而且能在不成倍地增加证明篇幅的情况下,就没有必要排除使用这些初级的工具来阐明推理。

事实上,多数经济学家需要的只是对那些前提假设和结论的一个全面而清晰的重述。尽管对推理过程进行转译通常是不实际的,但作为一个整体而言,经济学家应当尽可能地以文字形式表述他们分析中的假设和结论[①]。

第三节 经济学的语言与经济学原则

一、经济学语言的修辞研究

迈克洛斯基(Deirdre N. McCloskey)并没有在数学的使用上纠缠不清,而是给我们带入到了另一个领域——修辞。迈克洛斯基(1983)认为:"数学所面临的很多深层次问题,似乎都是修辞的问题,是属于'探索人们可以相信究竟什么事物应当被相信的问题'的问题。"这里的"修辞"不是指"空话连篇"或"花言巧语言"之类的文字游戏,用韦恩·布思(Wayne Booth)的话来讲,修辞是

[①] 《经济学杂志》(*Economic Journal*)编辑 Harrod 和 Robinson 特别强调说:"在一些情况下,作者希望用数学更精确地阐明他们的观点,这是必然的,也是正当的。但是许多读者会因他们与作者之间的日益增长的语言障碍而感到遗憾。……我们建议作者应该避免使用高深的数学,除非严格的证明是必需的,或者这一论题的性质要求必须使用数学。我们进一步建议,无论什么情况下,作者都应该以普通的经济学语言来表述他们的假设和结论,而且尽最大可能把论证的主要过程也用文字语言来描述。"(*Economic Journal*:March,1954,pp.1-2)。

"一门探索的艺术,使人们相信他们应当相信的东西,而不是抽象的方法证明真理","一门发现适宜理由的技术,发现能够保证赢得他人的同意的方法","对或多或少有些道理的理由的权衡轻重,以达到或多或少可能成立或貌似有理的结论"(转引自 McCloskey, D. N., 1983),而这些正是经济学家也在做的事情。

之所以要对经济学进行修辞分析,迈克洛斯基认为,科学是一种有目的的写作,其目的在于说服其他科学家,经济学家也是如此。像经济学这样的科学需要阅读起来流畅,并且越简明越佳,如果要达此目的,就需要修辞。迈克洛斯基认为,经济学家有两种话语态度:官方的和非官方的、明显的和暗示的。现代主义是经济学的官方方法论,它标榜着科学[①],但是在经济学的实际工作中,经济学家采纳的是另一种谈话态度,时常与官方方法论背离。例如,如果数据拟合结果相当合理,并且数据本身无可怀疑,那么这篇文章就会被送到期刊发表。如果结果不合理,那么经济学家会回过头来修改假说或模型的形式,重新做拟合,直到结果符合发表的要求。很显然,即便是他们的文章有价值,也并不是因为坚持了官方方法论才获得的。这只有两种解释,要么是多数经济学家对经济学论证的多样性和复杂性心知肚明,却从来不公开表述这些,也从不对它们做明确考察;要么是经济学家对其会话的状态还缺乏自

[①] 迈克洛斯基认为,"科学方法"的信条其实是逻辑实证主义、行为主义、操作主义和假说——演绎科学模型的大杂烩。它的核心观念是,20世纪早期对19世纪物理学某些部分的理解,是所有确定无疑的科学知识的典范。为了强调这一观念在现代思想中已经走出了学术领域的广泛性,把它简单地标示为"现代主义"。但是现代主义却是一种贫困的方法。详见 McCloskey, D. N., 1983, *The rhetoric of economics*, pp. 481-517。

我意识。无论是哪一种，官方修辞学把经济学家在暗中所做的一切都掩藏了起来。因此，在经济学中引入修辞学，可以使我们摆脱那种人为地把论据限制在一个非常狭隘范围内的非理性做法，回归人类论证的理性（迈克洛斯基，1983）

现代主义方法论有时并不是确定哪些命题对理解和改变世界有用处，而是只是关心什么是科学的或什么是非科学的。那么，"科学的"就意味着"好的"吗？在迈克洛斯基看来，客观、实证、科学与主观、规范、人文属于不同的说服方式，没有理由把科学和说服对立起来。现代主义者长期以来面临着一种困境——科学家们和其他人一样依赖隐喻、案例研究、修养、权威、内省、政治等进行说服，只不过给它们贴上了"发现"的标签，而科学家发现科学假说的方式则被称为"论证"，认为是现代主义的证明。事实上，我们不能通过辨识某个说法的论据来源于科学还是人文来判断这个说法是否有说服力。并不是所有的回归分析比所有的道德判断更有说服力，也不是所有的实验比所有的内省更有说服力。想要超越说服性的论证，需要让认识论来为说服行动设立合理的限度（迈克洛斯基，1983）。迈克洛斯基认为，经济学是高度隐喻化的，甚至数学推理也是如此，经济学可以被视为文学领域的一个特例。当然它也可被看作是科学的一个分支。二者并不矛盾。如果经济学希望模仿其他科学，即便是数学或物理学这样伟大的科学，它也应当更加开放，以容纳更多的谈话方式（迈克洛斯基，1983）。因此，好的科学就是好的会话。对于经济学来讲，应该期待能言善辩的陈述，而不管它是否"科学"（迈克洛斯基，2000：202—220）。可以得出结论，迈克洛斯基的修辞学"疗法"核心在于，希望经济学家拒绝或放弃心中那种以哲学指导科学的想法,重回人类会话的范畴。

二、经济学的语言要符合经济学原则

可见经济学与数学、物理学攀亲,一些缺陷已经暴露出来。首先,经济学写作越来越糟糕。迈克洛斯基(1983)曾担心,经济学正朝着有害于清晰与真诚的文体跌跌撞撞地走去,而现在它却变得不再是蹒跚而行,而是奔跑起来。随手翻阅一下经济学的专业期刊,不符合那种引言——文献综述——模型(计量或实验)——讨论等文体的论文已经很难被编辑接受了。其次,经济学的基础教学(微观、宏观、计量)只是通过公理和证明来进行的,而不是通过解决问题和实践来教学。第三,经济学现代主义方法论使经济学本身遭到了误解,人文学家和自然科学家都不喜欢它。人文学家的理由在于,经济学崇尚的是反人文学科的方法论;科学家的理由是,经济学实际上根本达不到现代主义方法论所要求的那种严格性。

"经济学是把人类行为当作目的与具有各种不同用途的稀缺手段之间关系来研究的科学。"(莱昂内尔·罗宾斯,1932:20)罗宾斯的这一定义影响了不止一代经济学家。然而,在经济学语言的选择与使用上,信奉罗宾斯定义的现代经济学家似乎不重视或忽视了其目的与稀缺手段间的关系。经济可以被看作一个文本,经济学话语是对这个文本的阅读(维维恩·布朗,2000:483)。经济学家应该注意对经济文本解读的目的与如何使用经济学语言进行写作和阅读的稀缺手段之间的关系。经济学的语言要符合经济学的原则,即在确保表意准确的前提下,用最简洁的语言来达到最有力的说服论证。对于经济研究中数学的使用来讲,之所以要用数学,除了数学的严谨与客观最能满足现代主义方法论所推崇的科学标准之外,还因为它在很多情况下能够比其他形式的语言更简练、更准确。而在其他情况下,如果达不到简洁准确的效果,经济学就应该少用数学或停止使用数学,而采用其他的语言形式,否则,滥用数学或使用伪数学就违背了经济学节约的原则。这也是我们反对滥用数学或伪数学的主要原因之一。经济学的语言要节约,无论是数学语言,还是散文体语言。这对作者、编辑、读者以及经济学本身都有好处。这不仅意味着更精练的论证(说服)、较低的印刷成本、较少的阅读时间,更多的是换来一种对经济学的信任与尊重。

综上所述,经济学语言要符合经济学原则。关注经济学的修辞是一个有益的尝试,它也并没有脱离经济学的范畴,因为"修辞是一个语言的经济学,它研究如何在人们无法满足的倾听欲望之间分配稀缺的手段"(迈克洛斯基,2000:绪论)。它可以帮助经济学家注意自己的会话方式,从经济学家自身的行为开始,贯彻经济学的原则。

第八章　中国的语言经济学研究

语言经济学,作为经济学的一个分支学科,在中国的发展时间虽然不长,但起步以后的发展速度是很快的,现在与国际是同步的,同处在前沿,处于有团队、有组织状态。这归因于中国学者的努力和智慧。

第一节　中国语言经济学研究发展现状

语言经济学于20世纪末正式传入中国。尽管在此之前,国内学者也有一些关于语言与经济关系的论著,但是它们是零散的、不成体系的,也没有和国外语言经济学研究接轨。直至1999年,许其潮首次将"语言经济学"这一概念引入中国,介绍了国外语言经济学的观点和研究内容,呼吁我国更多的学者加入到"语言与经济"研究的行列中来。

2001年,研究制度经济学的黄少安教授从制度经济学角度介入语言经济学研究,并且开始在山东大学经济研究院组织团队专门研究语言经济学。2003年山东大学经济研究院在全国率先尝试招收和培养语言经济学方向的博士生,并且于2004年成立了中国第一个专门的语言经济学研究所(2011年扩建为山东大学语言经济研究中心),2006年山东大学经济研究院正式自主设置了国内第一个语言经济学博士招生专业。2006年,我国第一个语言经济学方向的博士生——宁继鸣于山东大学毕业并获得学位,其博士学位论文为《汉语国际推广:关于孔子学院的经济学分析与建议》,是国内第一篇语言经济学应用的实证性研究成果,对中国当前汉语国际推广及海外孔子学院的建立和发展有很强的现实指导意义;山东大学经济研究院的张卫国于2008年完成的博士学位论文《语言的经济学分析:一个初步框架》,是国内第一篇对语言经济学理论体系进行详尽和系统研究的博士论文,将语言的经济维度划分为人力资本、公共产品和制度三个方面来进行考察,对国内外的语言经济学研究都有重要的理论参考价值。至今山东大学经济研究院黄少安教授已经培养了5位语言经济学的博士。

汪丁丁(2001)也较早地介绍了国外的部分成果,并对语言习得问题进行了经济分析。此后几年间,陆续有零星文献发表,但基本上都是从新兴学科的角度介绍了国外语言经济学的产生和发展,并具体围绕语言与收入、语言政策的经济学分析、语言的动态发展等领域对国外语言经济学的相关研究进行了介绍和评述。这种状况直至2004年以后才有所改观。

国内语言经济学在课题立项和平台建设上也有长足的进步。在学者们的努力下,在国家各级行政及科研管理部门的重视下,2005年起,一批与语言经济学有关的课题研究相继获得部分省市、部委乃至国家社科基金的立项资助,使我国语言经济学研究进入了一个新阶段。具有代表性的立项课题有:2005年西华师范大学薄守生主持的国家社科基金项目"语言规划的区域经济学、区域政治学分析"、2006年厦门大学江桂英主持的教育部人文社科规划项目"语言经济学与中国英语教育"、2011年南京大学徐大明主持的国家语委"十二五"科研规划项目"语言经济及语言服务发展战略研究"、2012年山东大学张卫国主持的教育部人文社科规划项目"我国语言产业及语言经济发展战略研究"、2013年山东大学苏剑主持的国家社科基金"语言距离的经济学测评及对双边贸易流量的影响"和2015年张卫国主持的国家社科基金"中国城市劳动力市场外语能力的工资效应研究",等等。这些课题立项对推动我国语言经济学研究的发展产生了重要影响,也极大地调动了学者的积极性,增强了研究人员从事语言经济学研究的信心。2009年起,由山东大学经济研究院、山东大学语言经济研究中心发起,与南京大学中国语言战略研究中心、北京航空航天大学外国语学院等单位联合主办的中国语言经济学论坛成立,定期召开学术研讨会,使中国的语言经济学研究有了自己的交流平台。目前,该论坛已经举办七届。经过多年的努力,国内的语言经济学研究已经产生了重要影响,受到国家语委和教育部语信司以及国家汉办的重视。2011年5月时任国家语委副主任、教育部语信司司长李宇明同志专门赴山东大学调研语言经济研究工作,他强调,语言经济学不仅要作为学科来建设,更要作为国家的战略来发展,加强语言与经济关系的研究,推动语言产业的发展。

以上一系列情况表明,语言经济学研究在我国虽然时间不长,但是起点很高,处于国际前沿,既在基础理论层面上有所成就,也在应用和人才培养方面取得了重要成果,已经得到学术界和实际部门的认可。国内的语言经济学研究正在稳步推进。我们认为目前语言经济学研究在中国已经形成气候,经济学界和语言学界都认识到语言经济学及其应用的重要性,已经有越来越多的学者加入到语言经济学的研究中来,国家语言规划和推广部门也真正重视起来。特别是"中国语言经济学论坛"的成立,标志着中国的语言经济学研究已经从自发走向自觉,开始有组织地进行。

第二节 十年来主要研究领域和重要成果

一、学科评介及基础理论研究

理论评介向来是介绍和引进一门新学科初始阶段时的基础工作。中国的语言经济学研究也不例外。早期发表的有关语言经济学学科评介的成果主要有:许其潮(1999)的《语言经济学:一门新兴的边缘学科》、林勇和宋金芳(2004)的《语言经济学评述》等。

2004年,鲁宾斯坦的《经济学与语言》一书中文版翻译出版,复旦大学韦森随书发表了书评,对鲁宾斯坦关于经济学与语言相关性的研究及其相关问题做了较为详细的评介,国内学界对语言与经济学的关系有了更为深入的认识。一方面,一些学者继续理论评介或研究综述的工作,如袁俏玲(2006)的《再议语言经济学》,张卫国、刘国辉、陈屹立(2007)的《语言与收入分配关系研究评述》,蔡辉(2009)的《语言经济学:发展与回顾》,张卫国(2011a)的《语言的经济学分析:一个综述》,等等。另一方面,部分学者开始进行语言经济学基本理论问题的思考和语言经济学学科建设,如周端明(2005)的《语言的经济学分析框架》,苏剑、黄少安、张卫国

(2012)的《语言经济学及其学科定位》,汪徽、胡有顺(2007)的《对语言经济学学科建立理论争端的反思》等。也有一些学者基于语言经济学现象讨论了语言学跨学科研究的发展趋势,如唐庆华(2009)的《试论语言学研究的跨学科趋势——兼议语言经济学》,王淳(2010)的《语言学跨学科理论演进中的路径依赖与整合——基于语言经济学的研究》。

随着国内学界对语言经济学关注程度加大,中国语言经济学研究的重心逐步从理论评介向独立的研究思考转换,一批较高质量的研究文献得以涌现。例如,韦森(2005)从哲学和制度的角度对经济学语言问题进行了深入思考;徐大明(2010)讨论了有关语言经济的七个问题,分析了将经济学概念应用到语言现象时容易出现的疑问和混乱。再如,黄少安、苏剑(2011)的《语言经济学的几个基本命题》和张卫国(2012b)的《遮蔽与澄明:语言经济学的几个基本问题》。这些成果使得国内语言经济学的基础理论研究状况正在得到改观。值得一提的是,张卫国(2008a)从人力资本、公共产品和制度的角度对语言经济学基础理论及分析框架进行了总结和提炼,为深化中国语言经济学研究奠定了基础。2013年,张卫国与加拿大渥太华大学 Gilles Grenier 教授合作,在国际著名社会语言学期刊《语言问题与语言规划》上发表了题为《语言是如何与经济学联系在一起的:关于两类研究的综述》的学术论文,围绕语言经济学的发展主线,对语言经济学的产生、发展、重要研究领域和成果进行了全面而翔实的综述,讨论了语言经济学的学科取向、定位及研究边界,论证提出使用"Language and Economics"一词对语言经济学学科重新表述,为传统语言经济学研究和新兴的博弈语用学研究的结合架起了一座桥梁,对巩固语言经济学整体学科的理论基础及推动相关研究领域的深入和发展具有重要意义。这篇论文的发表,不仅在国际语言经济学界首次出现了来自中国本土学者的声音,也表明中国的语言经济学研究已经开始跻身国际前沿,并得到了国际学界的认可。

二、语言政策和规划的经济学分析

语言政策和规划的经济学分析是语言经济学的一个重要研究领域。在语言经济学理论评介的同时,国内学者们开始尝试借鉴国外语言经济学理论,反思中国的语言政策和语言规划以及外语教育等问题。

学者们认为,将经济学理论和方法纳入到语言政策和语言规划中来,并不是要取代传统的语言规划研究,而是将其作为语言规划研究的一个有力补充(张卫国,2011b),可以借鉴经济学的分析方法来评估我国的语言政策,特别是要制定合理的宏观外语政策(宋金芳、林勇,2004),语言规划本质上是区域规划的一个组成部分,在进行区域经济规划时,应当也可以把语言规划考虑在内(薄守生,2008),同时要在评估语言政策中把握好国家的干预机制,厘清与经济活动的关系,合理分配资源(张忻,2007)。总的来说,上述研究主要在于分析语言经济学对语言政策及评估的影响,并介绍语言政策经济学分析及评估的方法和内容。

外语教育方面,代表性的著作有江桂英(2010)的《中国英语教育:语言经济学的视角》以及刘国辉(2013)的《中国的外语教育:基于语言能力回报率的实证研究》。此外,还有一些关于外语教育与区域经济发展的论文,如:蔡晓斌(2009)《浅谈高校英语教育与区域经济发展——语言经济学维度透视》等。

三、语言资源及其价值

随着社会经济的发展,语言的资源属性和经济价值日益凸现,语言在社会、经济生活中的作用也越发重要,学界也逐渐开始了对语言资源和语言经济的关注。目前,学界(特别是语言学界)已逐步树立了语言资源观,近年来有关语言资源及其价值的讨论逐渐增多。2009年5月在南京大学举行了"2009国家语言战略高峰论坛",会议的主题便是"语言资源与语言经济"。

在语言资源观的问题上,李宇明(2011)详细地分析了语言是一种资源的观点,认为语言不仅是文化资源,而且还是经济资源,可以产生经济效益,要努力发展语言产业和语言职业,赚取语言红利,倡导树立语言资源意识,提升公民和国家的语言能力。陈章太(2008)认为,语言是一种有价值、可利用、出效益、多变化、能发展的特殊社会资源,对语言资源应当积极保护,合理开发,有效利用。毛力群(2009)认为,语言资源价值主要表现在社会价值、经济价值、文化价值等方面。其中,语言的社会价值体现在语言的沟通功能和认同功能,语言资源社会价值的攀升带来语言使用人口增多、使用领域拓展、应用效益提高,便是语言经济价值的体现,而语言在一定的社会、经济条件下,得到合理的保护开发及利用将产生宝贵的文化价值。

在语言资源的保护和开发利用上,王世凯(2010)认为,语言资源的开发利用就是通过某种特定方式使语言资源产生经济效益和社会效益的过程,其关乎国家地位提升和国家安全保障,对保留文化多样性及文化传承意义重大。李现乐(2010)认为,保护语言资源的目的之一是开发和利用语言资源,而开发和利用语言资源产生语言经济。语言经济的发展需要语言资源观指导下的语言经济研究和语言经济规划。徐大明(2010)则认为,语言经济的发展离不开对语言资源潜在经济价值的认识。语言资源的开发和利用需要语言市场,可以借鉴国外语言经济和语言产业开发经验,开展针对语言经济的专项普查与评估工作,为进一步开展语言经济规划、制定语言经济政策提供参考。

四、语言生活热点问题的经济学分析

随着语言经济学在中国的发展,还有一些学者立足于中国语言生活现实,对我国语言生活中的热点问题进行了经济学分析。例如,近年来新词、新语及网络语言层出不穷,并越来越多地融入到普通百姓的日常语言生活中来。流行语、公示语、网络语言及其语用研究已不再单纯地停留在语言学及语用学的层面,针对这些语言的产生、发展和变迁所进行的经济学分析应运而生,如任荣(2003),刘念(2004),王同军(2008)和徐启龙(2011)等。这些研究的核心论点是,省力原则和经济的力量导致这些语言的产生和发展,并促进了它们的广泛传播。

汉字简化(繁简之争)问题近年来一直热议不断,特别是2009年政协委员提案建议恢复繁体字,使这一话题成为当年社会语言最大的热门话题之一。国内学者从语言经济学的角度对汉字简化也进行了分析,如李增刚(2009),张卫国、刘国辉(2010),苏剑、黄少安(2013)等。

五、其他

在语言经济学研究的其他方面,还有一些以问题为导向的研究,因其零散,难以归类于上述领域。例如,黄知常(2002)分析了修辞中的语言经济学问题;黄卫挺(2008)利用博弈论分析了语言的动态发展;姜国权(2009)对文化多样性进行了语言经济学反思;庞晓波、黄卫挺(2010)分析了专业化、组织沟通与语言习得之间的关系;苏剑(2011)分析了语言Q值理论与小语种语言存亡的边界问题;等等。在汉语国际推广、中国语言产业及其发展战略等问题上,语言经济学也取得了一些重要成果,代表性成果有:宁继鸣(2006),姜红(2009),贺宏志(2012),黄少安、苏剑、张卫国(2012a,2012b)等。

第三节 语言经济学在中国的发展前景

语言经济学在中国的发展,具有很强的理论和现实基础,也满足学科发展和国家语言战略发展的双重需要,具有广阔的发展前景。

一、学科发展与国家语言战略发展的双重需要

语言经济学既属于经济学,又属于语言学,跨学科的视角最直接促进的是经济学和语言学的发展。"对语言经济理论与实践的系统研究,将增强国内学界对语言问题与经济理论二者互动的认

识和了解,加强经济学和语言学在研究内容和研究范式上的沟通与协调,促进语言学与经济学之间的跨学科互动。"(张卫国,2011a)经济学与语言学的交叉合作,还能促进经济学在语言学中的运用,推动语言学思维的变革和语言学专业人才知识结构的优化,使经济学的研究内容和语言学的研究方法都更加丰富。经济学帮助语言学家转变研究思路和视角,语言问题则能拓宽经济学家的研究视野,两个学科的联姻将大有作为,特别是在汉语国际推广、国家语言政策的制定和评价、发展语言经济和语言产业等方面,语言经济学具有很强的现实指导意义。

其次,发展语言经济学也是国家战略的需要。国家语言规划和语言战略的经济学分析是语言经济学研究的一项重要内容。语言规划的传统分析主要立足于语言学理论,往往强调这一领域的概念和基本范畴,在公共政策的宏观层面上却遇到了研究的瓶颈问题,特别是在语言政策的评价上,方法不足。而经济学理性选择理论和成本收益的分析方法可以很好地弥补和改善语言规划传统研究的不足,丰富语言规划的研究(张卫国,2011b)。研究表明,我国语言规划和战略的选择与制定,可以借鉴经济学的分析方法来进行,它有助于我们转换思路,按市场经济客观规律办事,科学制定各项方针政策。

不仅国家需要有科学可行的语言战略和规划,而且,国家许多的重要战略,都需要语言经济学和语言战略为之服务。例如,"一带一路"倡议的实施,就需要语言战略和措施的配套和服务。

此外,随着经济的发展,国际交往日益增多,作为信息的媒介,语言的经济价值和产业特征凸现。这些经济现象为语言经济学提出了新的问题。许多数据显示,语言产业将成为一国国内生产总值新的业态支撑点。就中国而言,世界上说汉语的人数的绝对数量最多,但是汉语在世界上没有形成一个产业,我国国内语言产业意识还是淡薄,无论是产业界还是学术界对语言经济和语言产业的研究甚少,这不利于这一学科的发展。从这个意义上讲,大力发展我国语言产业和语言经济,可以为世界范围内语言资源的开发利用以及语言经济发展战略提供大国经验,丰富语言经济学的内容。

二、应用前景

语言经济学已经发展起来,一门学科的生命力不仅要体现在对现实的解释力方面,更重要的还在于其实用性和社会效益。

我国语言文字资源十分丰富,但面临的问题也非常多。比如濒危语言的保护问题,方言资源保存问题,语言文字资源及其产品的产权保护问题,语言文字遗产的传承问题,城市化进程和人口流动带来的弱小方言和民族语言的保存问题等,都缺乏相关政策和得力措施;而就语言文字资源的开发利用来说,我们的语言资源意识不强,特别是对语言产业和语言经济重视不够,尤其缺乏国家的统筹规划和协调,这些都制约了我国语言产业化进程。语言经济学在上述领域大有作为。

语言经济学还可以为国家语言战略及语言经济战略的制定和实现提供指导和参考。可以认为,国家战略的最重要的焦点是经济战略与文化战略。语言经济学认为语言技能是一种人力资本,语言技能是影响流动人口收入的显著性因素。语言经济学中的语言趋同趋简理论,是制定国家语言文化战略的理论基础。这些理论告诉我们如何快速有效地实现移民的语言融合,以及怎样对濒危语言实施抢救性的保护。另外,语言距离概念的提出以及把语言距离应用到国际贸易研究中去,这对一国的对外贸易战略的制定和目标的实现都有借鉴意义,同时语言距离的测算与实践过程也可能对对外汉语的教学改革提供有益探索。

综上,语言经济学具有广阔的应用前景,与国家战略息息相关,语言经济研究应该引起经济学界和语言学界重视。基于学科发展现状和国家战略需要,应该对语言经济和语言产业进行深入研究,利用经济学工具,在扩充语言经济基本理论的同时,注重应用研究,多渠道研发利用语言资源,壮大语言产业,让语言产业助推国家经济增长。

参考文献

埃布拉姆·德·斯旺,2008,《世界上的语言》,乔修峰译,花城出版社。
埃德蒙·马兰沃,2002,《经济与硬科学的攀亲:一种不可避免的、达到终点的尝试》,载安托万·多迪默、让·卡尔特里耶编《经济学正在成为硬科学吗?》,中文版,第18页,经济科学出版社。
布洛东,2000,《语言地理》,商务印书馆。
薄守生,2008,《语言规划的经济学分析》,《制度经济学研究》总第20辑。
蔡辉,2009,《语言经济学:发展与回顾》,《外语研究》第4期。
蔡晓斌,2009,《浅谈高校英语教育与区域经济发展——语言经济学维度透视》,《湖南财政经济学院学报》第2期。
陈章太,2008,《论语言资源》,《语言文字应用》第1期。
陈嘉映,2003,《语言哲学》,北京大学出版社。
黛尔德拉·迈克洛斯基,2000,《经济学的花言巧语》,中文版,经济科学出版社。
郭龙生,2008,《中国当代语言规划的理论与实践》,广东教育出版社。
哈尔曼,2001,《从语言的总体理论看语言规划:方法论框架》,载周庆生主编《国外语言政策与语言规划进程》,语文出版社。
贺宏志、陈鹏,2012,《语言产业导论》,首都师范大学出版社。
黄少安,2001,《关于教育产业化问题的思考》,《学习与探索》第5期。
黄少安,2004,《产权经济学导论》,经济科学出版社。
黄少安,2007,《制度经济学中六个基本理论问题新解》,《学术月刊》第1期。
黄少安、苏剑,2011,《语言经济学的几个基本命题》,《学术月刊》第9期。
黄少安、苏剑、张卫国,2012a,《语言经济学与中国的语言产业战略》,《光明日报》3月2日第11版。
黄少安、苏剑、张卫国,2012b,《语言产业的含义与我国语言产业的发展》,《经济纵横》第5期。
黄少安、张卫国、苏剑,2012,《语言经济学及其在中国的发展》,《经济学动态》第3期。
黄卫挺,2008,《经济学视角下的语言动态分析》,《制度经济学研究》第1期。
黄知常,2002,《修辞与语言经济学》,《衡阳师范学院学报》第1期。
贾根良、徐尚,2005,《经济学怎样成了一门"数学科学"》,《南开学报》(哲学社会科学版)第5期。
姜国权,2009,《文化多样性的语言经济学反思》,《长白学刊》第5期。
姜红,2009,《论汉语国际推广的经济价值》,《华东经济管理》第6期。
江桂英,2010,《中国英语教育:语言经济学的视角》,厦门大学出版社。
卡尔韦,2001,《社会语言学》,曹德明译,商务印书馆。
库普曼,1992,《关于经济学现状的三篇论文》,中文版,商务印书馆。
莱昂内尔·罗宾斯,2000,《经济科学的性质和意义》,商务印书馆。
李现乐,2010,《语言资源与语言经济研究》,《经济问题》第9期。
李宇明,2011,《语言也是"硬实力"》,《华中师范大学学报》(人文社会科学版)第5期。
李增刚,2009,《简体字还是繁体字:经济学视角的分析》,《经济学家茶座》第2期。
林勇、宋金芳,2004,《语言经济学评述》,《经济学动态》第3期。
刘国辉,2013,《中国的外语教育:基于语言能力回报率的实证研究》,山东大学博士学位论文。
刘念,2004,《网络流行语的语言经济学原则》,《华中科技大学学报》(社会科学版)第3期。
鲁宾斯坦,2004,《经济学与语言》,上海财经大学出版社。
毛力群,2009,《语言资源的价值》,《云南师范大学学报》(哲社版)第4期。
内维尔·凯恩斯,2001,《政治经济学的范围与方法》,中文版,华夏出版社。
宁继鸣,2006,《汉语国际推广:关于孔子学院的经济学分析与建议》,山东大学博士学位论文。
庞晓波、黄卫挺,2010,《作为人力资本的语言:专业化、组织沟通与语言习得》,《制度经济学研究》第1期。
彭泽润、李葆嘉,2002,《语言理论》,中南大学出版社。
任海棠,2006,《语言学与品牌命名》,《唐都学刊》第5期。

任荣,2003,《流行语背后的语言经济学》,《重庆大学学报》(社会科学版)第5期。

宋金芳、林勇,2004,《语言经济学的政策分析及其借鉴》,《华南师范大学学报》第6期。

苏剑,2011,《语言 Q 值与小语种语言存亡边界:基于语言经济学的模型》,《西部论坛》第1期。

苏剑、黄少安,2013,《经济学视角下的单语制、双语制和繁简之争——对〈中华人民共和国国家通用语言文字法〉的经济学解释》,《制度经济学研究》第1期。

苏剑、黄少安、张卫国,2012,《语言经济学及其学科定位》,《江汉论坛》第6期。

索绪尔,1980,《普通语言学教程》,高名凯译,商务印书馆。

唐庆华,2009,《试论语言学研究的跨学科趋势——兼议语言经济学》,《学术论坛》第7期。

汪丁丁,2001,《语言的经济学分析》,《社会学研究》第6期。

汪徽、胡有顺,2007,《对语言经济学学科建立理论争端的反思》,《南京审计学院学报》第4期。

王淳,2010,《语言学跨学科理论演进中的路径依赖与整合——基于语言经济学的研究》,《东北师范大学学报》第6期。

王广振、曹晋章,2010,《文化产业的多维分析》,《东岳论丛》第11期。

王海兰,2012,《个体语言技能资本投资研究》,山东大学博士学位论文。

王世凯,2010,《略论我国语言资源的开发与利用》,《云南师范大学学报》(哲社版)第5期。

王同军,2008,《公示语之语言经济学分析》,《西安外国语大学学报》第4期。

韦森,2005,《从语言的经济学到经济学的语言》,载《经济学与哲学——制度分析的哲学基础》,世纪出版集团上海人民出版社。

维维恩·布朗,2000,《作为文本的经济》,载罗杰·巴克豪斯编《经济学方法论的新趋势》,中文版,经济科学出版社。

徐大明,2010,《有关语言经济的七个问题》,《云南师范大学学报》(哲社版)第5期。

徐启龙,2010,《基于语言经济学视角的我国外语教育决策研究》,《全球教育展望》第3期。

徐启龙,2011,《语言经济学视野中的网络英语》,《西安外国语大学学报》第2期。
许其潮,1999,《语言经济学:一个新兴的边缘学科》,《外国语》第4期。
亚历山大·罗森伯格,2007,《经济学是什么——如果它不是科学》,载丹尼尔·豪斯曼编《经济学的哲学》,中文版,世纪出版集团上海人民出版社。
袁俏玲,2006,《再议语言经济学》,《外语教学》第5期。
张卫国,2008a,《作为人力资本、公共产品和制度的语言:语言经济学的一个基本分析框架》,《经济研究》第2期。
张卫国,2008b,《语言的经济学分析:一个初步框架》,山东大学博士学位论文。
张卫国,2011a,《语言的经济学分析:一个综述》,《经济评论》第3期。
张卫国,2011b,《语言政策与语言规划:经济学与语言学比较的视角》,《云南师范大学学报》(哲社版)第5期。
张卫国,2012a,《经济学分析为语言规划研究注入新活力》,《中国社会科学报》第266期,2月13日。
张卫国,2012b,《遮蔽与澄明:语言经济学的几个基本问题》,《学术月刊》第12期。
张卫国,2015,《语言经济与语言经济学:差异与互补》,《学术月刊》第3期。
张卫国、刘国辉,2010,《语言文字应用:保持文化传承与降低交易成本并重》,《中国社会科学报》第137期,11月9日。
张卫国、刘国辉、陈屹立,2007,《语言与收入分配关系研究评述》,《经济学动态》第7期。
张忻,2007,《语言经济学与语言政策评估研究》,《语言文字应用》第4期。
张忻,2008,《语言经济学与大学英语教育》,《中南大学学报》(社会科学版)第3期。
周端明,2005,《语言的经济学分析框架》,《江苏行政学院学报》第3期。
Aumann, R. & Hart, S., 2003, Long Cheap Talk, *Econometrica*, 71(6): 1619-1660.
Benz, A., Jager, G. & Van Rooij, R., 2005, *Game Theory and Pragmatics*. New York: Palgrave Macmillan.
Blaug, Mark, 1998, The Problem with Formalism, *Challenge*, pp. 35-45.
Bleakley, Hoyt & Chin, Aimee, 2004, Language Skills and Earnings: Evidence

from Childhood Immigrants, *The Review of Economics and Statistics*, 86 (2), pp. 481-496.

Blume, A., 2000, Coordination and Learning with a Partial Language, *Journal of Economic Theory*, 95(1): 1-36.

Breton, Albert, 1964, Economics of Nationalism, *Journal of Political Economy*, Vol. 72, No. 4, (Aug.), pp. 376-386.

Breton, Albert, 1978, Nationalism and Language Policies, *Canadian Journal of Economics*, Vol. 11, No. 4, (Nov.), pp. 656-668.

Bleakley, Hoyt & Aimee Chin, 2010, Age at Arrival, English Proficiency, and Social Assimilation Among us Immigrants, *American Economic Journal: Applied Economics*, 2(1).

Carlile, William W., 1909, The Language of Economics, *The Journal of Political Economy*, Vol. 17, pp. 434-447.

Chiswick, B. 2008, *The Economics of Language: An Introduction and Overview*, IZA Discussion Paper 3568.

Chiswick, B. & Miller, P., 1995, The Endogeneity between Language and Earnings: International Analyses, *Journal of Labor Economics*, Vol. 13, No. 2, pp. 246-288.

Chiswick, B. & Miller, P., 1998, English Language Fluency Among Immigrants in the United States, *Research in Labor Economics*, 17.

Chiswick, B. & Miller, P., 2001, A Model of Destination-Language Acquisition: Aplication to Male Immigrants In Canada, *Demography*, 38 (3): 391-409.

Chiswick, B. & Miller, P., 2003, The Complementarity of Language and Other Human Capital: Immigrant Earnings in Canada, *Economics of Education Review*, 22(5), 469-480.

Chiswick, B. & Miller, P., 2005, Linguistic Distance: A Quantitative Measure of the Distance Between English and Other Languages, *Journal of Multilingual and Multicultural Development*, 26, 1, 1-11.

Chiswick, B. & Miller, P., 2007, *The Economics of Language: International Analyses*, Routledge.

Christofides, L. & Swidinsky, R., 1998, Bilingualism and Earnings, in A.

Breton (ed.), *Economic Approaches to Language and Bilingualism*, DPWGS,Canada.

Church,Jeffrey & King, Ian, 1993, Bilingualism and Network Externalities. *Canadian Journal of Economics*,(26)337-345.

Cooper,Robert, 1989, *Language Planning and Social Change*. Cambridge, U. K. :Cambridge University Press.

Crystal,David,1997,*English as a Global Language*,Cambridge:Cambridge University Press.

De Jaegher,K. ,2003,A Game-theoretic Rationale for Vagueness,*Linguistics and Philosophy*,26(5):637-59.

De Swan, A. 2002. *Words of the World: The Global Language System*, Cambridge:Polity Press.

Dorfman,Robert,1954,A Catechism:Mathematics in Social Sciences,*Review of Economics and Statistics*,Vol. 36,No. 4. (Nov.),pp. 374-377.

Dustmann, Christian, 1999, Temporary Migration, Human Capital, and Language Fluency of Migrants,*The Scandinavian Journal of Economics*, Vol. 101,No. 2,pp. 297-314.

Dustmann,Christian & Van Soest, Arthur, 2001, Language Fluency and Earning: Estimation with Misclassified Language Indicators, *Review of Economics and Statistics*,Vol. 83,No. 4,Nov. ,pp. 663-674.

Dustmann,Christian & Van Soest Arthur,2002,Language and the Earnings of Immigrants, *Industrial and Labor Relations Review*, Vol. 55, No. 3, Apr. ,pp. 473-492.

Dustmann,Christian & Fabbri, Francesca, 2003, Language Proficiency and Labour Market Performance of Immigrants in the UK,*Economic Journal*, 113,695-717.

Gao, W. & Smyth, R. , 2011, Economic Returns to Speaking "Standard Mandarin" Among Migrants in China's Urban Labour Market,*Economics of Education Review*,36:342-352.

Glazer,J. & Rubinstein, A. , 2001, Debates and Decisions: On a Rationale of Argumentation Rules,*Games and Economic Behavior*,36(2):158-173.

Glazer, J. & Rubinstein, A. , 2004, On Optimal Rules of Persuasion.

Econometrica,72(6):1715-1736.

Glazer,J. & Rubinstein, A. ,2006,A Study in the Pragmatics of Persuasion: A Game Theoretical Approach,*Theoretical Economics*,1(4):395-410.

Gonzalez,Libertad,2005,Nonparametric Bounds on the Returns to Language Skills,*Journal of Applied Econometrics*,20(6):771-795.

Grenier,Gilles,1984,The Effect of Language Characteristics on the Wages of Hispanic American Males,*Journal of Human Resources*,19:35-52.

Grin, François, 1990, The Economic Approach to Minority Languages, *Journal of Multilingual and Multicultural Development*,11:153-174.

Grin, François, 1992, Towards a Threshold Theory of Minority Language Survival,*Kyklos*,45(1):69-97.

Grin, François, 1995, The Economics of Foreign Language Competence: A Research Project of the Swiss National Science Foundation, *Journal of Multilingual and Multicultural Development*,16,227-231.

Grin, François, 1996a, Economic Approaches to Language and Language Planning: An Introduction, *International Journal of the Sociology of Language*,vol. 121,pp. 1-16.

Grin,François,1996b,The Economics of Language: Survey, Assessment, and Prospects,*International Journal of the Sociology of Language*,vol. 121, pp. 17-44.

Grin,François, 2000, Supply and Demand as analytical Tools in Language Policy, in A. Breton (ed.), *Exploring the Economics of Language*, Ottawa:Official Languages Support Program,Canadian Heritage.

Grin,François, 2003, Language Planning and Economics,*Current Issues in Language Planning*,Vol. 4,No. 1,pp. 1-66.

Grin,François, 2008, Promoting Language through the Economy: Competing Paradigms,*In Language and Economic Development: Northern Ireland, the Republic of Ireland ,and Scotland*, ed. J. M. Kirk and D. O. Baoill,1-12,Belfast:Queen's University Press.

Grin, F. & Vaillancourt, F. , 1997, The Economics of Multilingualism: Overview and Analytical Framework, *Annual Review of Aplied Linguistics* 17,Cambridge University Press.

Grin, F. & Vaillancourt, F., 1999, The Cost-effectiveness Evaluation of Minority Language Policies:Case Studies on Wales,Ireland and the Basque Country,Monograph series,No. 2. Flensburg:European Centre for Minority Issues.

Grice, P., 1989, *Studies in the Way of Words*. Cambridge: Harvard University Press.

Henderson,Willie,1982,Metaphor in Economics,*Economics*,147-153.

Jäger, G., 2008, Game theory in semantics and pragmatics, University of Bielefeld working paper.

Keynes,J. M.,1933,*Essays in Biography*,Macmillan,p. 191.

Koopmans, Tjalling C., 1954, On the Use of Mathematics in Economics, *Review of Economics and Statistics*,Vol. 36,No. 4,(Nov.),pp. 377-379.

Lang,Kevin,1986,A Language Theory of Discrimination,*Quarterly Journal of Economics*,101(2):363-382.

Lawson, Tony,2003,*Reorienting Economics*,Routledge,p. 249.

Lazear, Edward P., 1999, Culture and Language, *Journal of Political Economy*,107(6):95-126.

Leontief,W.,1982,Academic economics,*Science*,217:104-107.

Leslie, D. & Lindley, J., 2001, The Impact of Language Ability on Employment and Earnings of Britain's Ethnic Communities,*Economica*,68, 587-606.

Lindley,Joanne,2002,The English Language Fluency and Earnings of Ethnic Minorities in Britain,Scottish, *Journal of Political Economy*,Vol. 49,No. 4,Sept.,pp. 467-487.

Lipman, B., 2009, Why is Language Vague, Boston University Working Paper.

Marschak,Jacob,1965,The Economics of Language,*Behavioral Science*,Vol. 10,pp. 135-140.

McCloskey,D. N.,1983,The Rhetoric of Economics,*Journal of Economic Literature*,Vol. 21,No. 2 (Jun.),pp. 481-517.

McCloskey,D. N.,1985,*The Rhetoric of Economics*, Madison: University of Wisconsin Press.

McManus, W., Gould, W. & Welch, F., 1983, Earnings of Hispanic Men: The Role of English Language Proficiency, *Journal of Labor Economics*, 1(2): 101-130.

Melitz, Jacques, 2008, Language and Foreign Trade, *European Economic Review*, 52 (4).

Milgrom, P. & Roberts, J. 1986, Relying on the Information of Interested Parties, *Rand Journal of Economics*, 17(1): 18-32.

Moore, Henry L., 1929, *Synthetic Economic*, New York: Macmillan.

Novick, David, 1954, Mathematics: Logic, Quantity, and Method, *Review of Economics and Statistics*, Vol. 36, No. 4. (Nov.), pp. 357-358.

Parikh, P., 1991, Communication and Strategic Inference, *Linguistics and Philosophy*. 14(5): 473-514.

Pendakur, Krishna & Pendakur, Ravi, 1998, Speak and Ye Shall Receive: Language Knowledge as Human Capital, in *Economic Approaches to Language and Bilingualism*.

Pigou, A. C., 1953, *Alfred Marshall and Current Thought*, London: Macmillan and Company, Ltd. New York: St. Martin's Press, p. ii.

Reiss, Julian, 2000, Mathematics in Economics: Schmoller, Menger and Jevons, *Journal of Economic Studies*, Vol. 27, No. 4/5.

Reksulak, Michael, Shughart II William F. & Tollison, Robert D., 2004, Economics and English: Language Growth in Economic Perspective, *Southern Economic Journal*, Vol. 71, No. 2.

Rubinstein, Ariel, 1996, Why Are Certain Properties of Binary Relations Relatively More Common in Natural Language? *Econometrica*, 64 (2): 343-356.

Rubinstein, Ariel, 2000, *Economics and Language: Five Essays*, Cambridge University Press.

Samuelson, Paul A., 1952, Economic Theory and Mathematics: An Appraisal, *Papers and Proceedings*, *American Economic Review*, 42 (May), 56-66.

Samuelson, Paul A., 1954, Some Psychological Aspects of Mathematics and Economics, *Review of Economics and Statistics*, Vol. 36, No. 4. (Nov.), pp. 380-386.

Savoie, Ghislain, 1996, The Comparative Advantages of Bilingualism on the Job Market: Survey of Studies, in *Official Languages and the Economy*, Ottawa: Canadian Heritage.

Sally, D., 2003, Risky Speech: Behavioral Game Theory and Pragmatics. *Journal of Pragmatics*, 35(8): 1223-1245.

Schelling, T., 1960, *The Strategy of Conflict*, Cambridge: Harvard University Press.

Shapiro, D. & Stelcner, M., 1987, The Persistence of the Male-Female Earnings Gap in Canada, 1970-1980: The Impact of Equal Pay Laws and Language Policies, *Canadian Public Policy*, Vol. 13, No. 4, Dec., pp. 462-476.

Shapiro, D. & Stelcner, M., 1997, Language and Earnings in Quebec: Trends over Twenty Years, 1970-1990, *Canadian Public Policy*, Vol. 23, No. 2, Jun., pp. 115-140.

Shaw, Ida Bell, 1933, A History of the Development of Mathematics in the Field of Economics, *Mathematics News Letter*, Vol. 8, No. 2, (Nov.), pp. 31-37.

Shields, Michael A. & Price, Stephen W., 2002, The English Language Fluency and Occupational Success of Ethnic Minority Immigrant Men Living in English Metropolitan Areas, *Journal of Population Economics*, 15: 137-160.

Shin, Hyun Song, 1994, The Burden of Proof in a Game of Persuasion, *Journal of Economic Theory*, 64(1): 253-64.

Spector, D., 2000, Rational Debate and One-dimensional Conflict, *Quarterly Journal of Economics*, 115(1): 181-200.

Tinbergen J., 1954, The Functions of Mathematical Treatment, *Review of Economics and Statistics*, Vol. 36, No. 4, (Nov.), pp. 365-369.

Trejo, S., 1997, Why do Mexican Americans Earn Low Wages?, *Journal of Political Economy*, Vol. 105, No. 6, pp. 1235-1268.

Vaillancourt, F., 1996, Language and Socioeconomic Status in Quebec: Measurement, Findings, Determinants and Policy Costs, *International Journal of the Sociology of Language*, 121: 69-92.

Vaillancourt, F. & Coche, O., 2009, Official Language Policies at the Federal Level in Canada: Costs and Benefits in 2006. Montreal: Fraser Institute.

Zhang, W. & Grenier, G., 2013, How Can Language be Linked to Economics? A Survey of Two Strands of Research, *Language Problems and Language Planning*, 37(3): 203-226.

Zipf, G. K., 1949, *Human behavior and the Principle of Least Human Effort*, Cambridge: Addison-Wesley.